한국인의 관계심리학

차례
Contents

관계 때문에 '미친' 한국인?

　나는 초등학교 시절부터 외할아버지의 구수한 옛날이야기를 들으며 자랐다. 외할아버지는 우리나라 최초의 신학교인 평양신학교를 졸업하고 장로교 목사로 활동했다. 은퇴한 뒤 줄곧 우리 집에서 나와 한방에서 살았다. 그런데 웬일인지 외할아버지가 들려주신 성경 이야기보다 옛날이야기가 더 잘 기억이 난다. 그때 들었던 여러 이야기 중「암행어사 박문수」가 가장 인상 깊다.

　이야기는 이렇다. 그 이름도 유명한 조선시대의 어사 박문수가 경상도 현풍이라는 지방에 시찰을 나갔다. 현풍은 효자와 효부가 많이 나는 곳으로 소문이 자자했다. 하지만 박문수는 효부비를 열두 개나 세울 정도로 효부가 너무 많은 것을

3

수상히 여겨 내사해 보아야겠다고 생각했다. 만약 거짓으로 효자와 효부를 꾸며낸 것이라면 이번 기회에 열두 개나 되는 효부비를 모두 없애 버릴 생각으로 현풍에 갔다. 박문수는 늘 함께 다니는 조수와 현풍에 다다랐다. 그런데 저 멀리 논두렁 위에서 요상한 광경을 보았다.

어느 부부의 무시무시한 효성

한 아낙네가 머리에 새참을 이고 아주 바쁜 걸음으로 논두렁을 걸어가는데, 남편으로 보이는 작자가 웬일인지 지게 작대기를 들고 아낙네를 향해 달려가고 있었다. 그 기세에 놀란 아낙네가 뒤로 물러나서 남자에게 뭔가 이야기를 하자, 남자는 갑자기 손에 들고 있던 작대기를 땅에 떨어뜨리고는 땅바닥에 넙죽 엎드려 세 번 큰 절을 올리며 큰 소리로 울기 시작했다. 이 광경을 본 어사 박문수는 그들에게 다가가서 영문을 물었다. 그러자 부부가 하염없이 눈물을 흘리며 이야기를 하는데, 실로 기가 막힌 사연이었다.

부부는 노망난 늙은 어머니와 한 살배기 아들 하나와 살고 있었다. 여느 때처럼 이날 아침도 부부는 아침 일찍 밭에 나와 일을 했다. 점심때가 되자 아내는 시어머니의 점심밥을 해드리고, 아이에게 젖을 먹이러 집으로 갔다. 집에 가보니, 늙은 시어머니가 며느리에게 "애야, 내가 오늘 점심으로 맛있는 닭죽을 끓여 놓았다"고 말했다. 감사한 마음에 부엌에 가서 솥

뚜껑을 열어 본 며느리는 그만 땅바닥에 주저앉고 말았다. 솥 안에는 한 살 된 아들이 들어 있는 게 아닌가? 하늘이 노랗고 다리가 후들거렸지만 며느리는 얼른 마음을 추스른 다음 죽은 아이를 뒷산에 묻었다. 그리고는 얼른 닭을 잡아 닭죽을 끓여 시어머니에게 드리고 남편에게 달려갔다.

한편 아무것도 모르는 남편은 아내가 오지 않자 배고픈 배를 움켜쥐고, "이놈의 여편네, 오기만 해봐라!" 하며 벼르고 있었다. 그때 저 멀리 아내가 오는 깃을 보고 너무 화가 나서 늦게 온 이유는 물어보지도 않고 지게 작대기로 아내를 내리치려고 했다. 그러나 침착한 아내는 남편을 진정시킨 다음 시어머니가 저지른 끔찍한 일을 이야기했다. 아내의 이야기를 들은 남편은 지극한 아내의 효성에 감복해 큰 절을 세 번 한 뒤 "고맙소, 여보. 그 아이와 우리의 인연은 이 만큼인 것 같소. 아이는 또 낳을 수 있지만 어머니는 한 분뿐이지 않소"라고 말하며 눈물을 흘렸다.

결국 어사 박문수는 현풍에 있는 많은 효부비를 의심해서 진실을 가려내려고 했던 생각이 잘못되었다는 것을 깨닫고 효부비를 하나 더 세우고 돌아왔다는 것이다.

어렸을 때 나는 이 이야기를 듣고 큰 감동을 받았다. 그러나 이 이야기가 다른 문화 안에서는 아주 무시무시한 이야기로 변할 수 있음을 나중에 알게 되었다.

대학을 졸업하고 미국으로 유학을 갔을 때 있었던 일이다. 나는 신학대학원에서 상담학 개론을 수강하면서, 마지막 기말

시험을 준비하고 있었다. 기말고사는 담당교수가 학생들에게 미리 문제를 알려주고, 24시간 안에 답안지를 작성해 제출하는 것이었다. 시험문제는 다음과 같다.

"당신은 목회자가 되기 위해 신학을 공부하는 학생입니다. 당신의 옆집에서는 식구들이 다투는 소리가 자주 납니다. 어느 날, 당신은 옆집에 사는 약간 노망 끼가 있는 할머니가 잠옷 차림으로 문을 열고 뛰쳐나오는 것을 봅니다. 아들이 뒤따라 나와 소리를 지르며 할머니를 붙잡아 다시 집 안으로 끌고 들어갑니다. 집 안에서는 다시 아들이 할머니에게 고래고래 소리를 지르는 것이 들립니다. 당신은 신학생으로서 이웃사람들을 위해 어떤 일을 하겠습니까?"

당시 나는 이 문제가 그리 어렵다고 생각하지 않았다. 솔직히 병들고 늙은 어머니를 학대하는 아들에게 욕을 해주고 싶었지만, 명색이 상담학 개론 석사과정 시험문제인데 그렇게 쓸 수는 없었다. 학교에서 배운 상담이론들을 뒤적이며, 이야기를 통한 담화치료(narrative therapy)에 대해 살펴보다가 갑자기 예전에 외할아버지에게 들었던 어사 박문수 이야기가 생각났다. 이 이야기 정도면 치료 효과가 뛰어난 상담 이야기로 쓸 수 있을 것 같았다. 효성이 없는 미국 사람들에게 이 이야기를 들려주면 틀림없이 감동을 받을 것이라는 확신이 들었다. 그런데 우리나라 옛이야기를 서양 사람들에게 어떻게 전달하느냐가 문제였다.

며칠 동안 고민을 하다가 마침내 좋은 생각이 떠올랐다. 내가 유학을 간 보스턴에는 '보스턴 마켓'이라는 통닭구이 체인점이 유명했다. 나는 답안을 이렇게 구성하기로 했다. 나는 보스턴 마켓의 통닭구이를 사들고 옆집을 방문한다. 통닭을 너무 많이 사서 이웃과 나누어 먹고 싶어 찾아왔다고 하면, 미국인들도 이상하게 여기지 않을 것이다. 이웃집 아저씨와 통닭을 나누어 먹다가 자연스럽게 박문수 이야기를 할 기회를 엿본다. 마침내 기회가 오자 은근슬쩍 말을 건넨다. "아저씨, 이 통닭을 먹다 보니 닭과 연관이 있는 한국의 옛날이야기가 생각나네요. 이야기 해드려도 될까요?" 이웃집 아저씨가 좋다고 하면 나는 그 '감동적인 이야기'를 한다. 물론 감동을 받은 아저씨가 부모님을 떠올리며 그동안 불효를 저지른 것을 반성하다는 기대를 하면서 말이다.

답안지를 다 마무리한 뒤 내 구상이 너무나 기발하다는 생각에 한동안 취해 있었다. 유학 와서 처음 보는 전공과목 시험에서 A^+의 점수를 받을 것을 생각하니 가슴이 벅찼다. 하지만 성적표를 받아 보았을 때 어안이 벙벙했다. 틀림없이 A^+를 받을 것이라고 생각했는데 결과는 B^+인 게 아닌가? 나는 믿을 수가 없어서 상담학 교수의 연구실로 찾아가 내가 작성한 답안지를 확인해 보았다. 분명히 교수가 감동을 받았을 박문수 이야기 부분을 펼쳐 보았다. 그런데 교수는 그 부분에 빨간색 펜으로 "Interesting!"이라고 짤막하게 적어 놓았을 뿐이었다. 내가 쓴 영어를 혹시 잘못 이해했다면 모를까, 이 이야기를 그저 흥미로운 이야기로 받아들인 상담학 교수를 이해할 수 없

었다. 교수에게 시험 점수에 불만이 있다고 말했다. 교수는 B⁺
라는 점수도 아주 잘 준 것처럼 말했다. 나는 B⁺라는 점수를
받아들일 수 없으니 도대체 모범 답안이 뭐냐고 물었다. 심지
어는 A⁺ 답안지가 어떤 내용이었는지 알고 싶다고 졸라댔다.
난감해진 교수는 한참 동안 생각하더니 이윽고 조심스럽게 말
하기 시작했다. 답안에 쓴 내 행동이 이웃집 남자에게 너무 지
나친 처사라는 것이다. 교수가 보기에 함부로 이웃집의 경계
(boundary)를 넘어 간 것이 문제였다. 듣고 보니, 미국의 개인주
의 문화에서 다른 사람 문제에 지나치게 개입하는 행동은 상
대방의 경계를 침입하는 위험한 행동으로 보일 수 있었다. 그
러나 교수가 모범 답안을 보여주었을 때 나는 또 한 번 충격
을 받았다. 모범 답안은 이웃집에서 일어나는 '노인 학대'를
관계기관에 신고한다는 내용이었다.

노인 봉양과 노인 학대

미국은 최근 들어 '아동 학대'와 더불어 '노인 학대 및 방
치'에 대한 신고의무를 강화했다. 다시 말해, 의사, 교사, 사회
복지사, 상담·심리치료사, 가족치료사를 비롯해, 목회 상담사
와 목사에 이르기까지 여러 분야의 전문가들은 어린이나 노인
을 학대·방치·유기하는 행위를 발견하고 일정 시간(36시간, 혹
은 48시간) 안에 관계기관에 신고하지 않으면, 자격이 취소된다.
안수를 받은 목사도 이 법을 어길 경우 안수 자체가 취소될

수도 있다. 상담학 교수는 기말시험 문제를 낼 때, 아직 안수를 받지 않았지만 성직 지망생인 신학생들이 이러한 사안에 대해 잘 인식하고 실수하지 않기를 바라는 마음에서 문제를 낸 것이다. 나중에 기독교 상담·심리치료사로 활동하면서 이 부분에 대해 충분히 이해하게 되었지만, 그 당시 내 자신이 받은 문화 충격은 엄청나게 컸다.

돌이켜보면, 그때 상담학 교수는 박문수 이야기에 대해 무척 우호적이었다. 왜냐하면 박문수 이야기에 대해 훨씬 혹독한 평을 한 사람을 만났기 때문이다. 미국 생활이 어느 정도 몸에 익어갈 때 있었던 일이다. 박사과정을 밟고 있을 때 운 좋게 내 연구 논문을 미국의 저명한 학술지에 실을 수 있는 기회가 생겼다. 논문에 한국의 가족 체계와 관계를 설명하는 한 가지 예로 박문수 이야기를 짧게 소개했다. 보통 논문을 제출하면 세 사람 이상의 심사의원들이 연구 논문을 읽고 만장일치로 출판을 허락해야 학술지에 실을 수 있다.

그런데 심사의원들 중 교수 한 사람이 내가 쓴 논문의 일부를 고쳐달라고 요청했는데, 바로 박문수 이야기가 나오는 대목이었다. 그 교수는 논평에서 박문수 이야기가 너무 무시무시한 내용이라고 밝혔다. 먼저 끔찍한 아동 학대 수준을 넘어 존속 살해를 묘사한 이야기를 예화로 든 것을 지적했다. 게다가 박문수 이야기에서 노인 학대, 즉 노인을 방치하는 내용도 발견할 수 있다고 비판했다. 나는 이 이야기는 한국의 옛이야기일 뿐이므로 이 교수가 지적한 부분은 내 논점과는 무관한 비판이라고 대답했다. 나는 아동 학대와 노인 학대를 다루기보다는 한국인의 부모 자식 관계를 비교문화적 시각으로 다루기 위해 박문수 이야기를 예로 들었지만, 미국 사람들은 이 이야기를 '무시무시한' 학대 이야기로만 읽을 가능성이 높다는 생각이 들었다.

그렇다면, 논문을 심사한 교수를 포함해서 미국인들은 박문수 이야기에 나오는 부부가 어떻게 해야 옳은 일을 했다고 여길까? 결론부터 말하면, 미국인들은 늙은 어머니를 전문 치료기관이나 보호기관으로 보내야 한다고 생각한다. 만약 자식이 돈이 없어 부모를 전문 기관에 보낼 수 없으면, 아마도 정부가 운영하는 돈이 안 드는 전문기관을 찾아서라도 보내라고 할 것이다. 또 이야기의 배경인 조선시대에 노인을 보호하는 전문기관이 없었다면, 간병인을 두고서라도 노모를 가족들과 따로 떨어진 곳에서 보호해야 한다는 것이 그들의 생각이다. 노모가 노망이 들어 제대로 판단할 수 없다는 사실을 알고 있으면서 어린 아들과 함께 방치하는 것은 범죄 행위라는 사실을 강조하면서 말이다.

효성 깊은 한국인, 과연 병리적인가

심사위원이었던 교수는 박문수 이야기가 아주 무시무시한 이야기일 뿐만 아니라 이해할 수 없는 '병리적(pathological)' 이야기라고 했다. 미치지 않고서는 그렇게 행동할 수 없다는 것이다. 미국의 정신 건강 전문인들은 이 부부의 정신 상태를 의심하며 다음과 같이 질문할 것이다. '이 부부의 슬픔은 어디로 갔는가? 아이가 무참히 살해되었는데 왜 분노하지 않는가? 그들은 과연 제정신인가? 무엇이 그들의 감정을 얼어붙게 했는가?'

서양의 정신 건강 전문인들은 한결같이 이 부부의 정신 상태가 정상이 아니라고 진단할 것이다. 우리 문화에서는 부부가 그런 상황에서 '의연하게' 대처한 것으로 받아들이지만, 그들의 관점으로는 완전히 ˙정신 나간 상태로밖에 볼 수 없다. 또한 이 부부의 감정 상태는 이른바 '얼어붙은 감정(frozen feeling)'상태라고 판단한다. 서양 사람들에게 어린 아기를 살해한 노모에 대한 분노를 억누르고 오히려 노모의 감정을 헤아리는 며느리는 완전히 정신이 나간 사람으로 보일 뿐이다.

문화를 공부하는 동양학자들도 나와 비슷한 경험을 했다. 버클리대학교에서 문화심리학을 가르치는 키이핑 펑Kaiping Peng 교수는 나와 비슷한 시기에 미국으로 유학을 왔는데, 유학 생활 초기에 이런 경험을 했다. 어느 날 펑은 친한 중국 친구에게서 전화 한 통을 받았다. 친구는 다급한 목소리로 펑에게 얼른 텔레비전을 켜보라고 했다. 텔레비전에서는 중국 유학생 한 명이 학교에서 총을 쏴 학생 다섯 사람을 살해했다는 뉴스가 나오고 있었다. 놀랍게도 살해된 사람들 중에는 중국 유학생의 지도교수와 학교 부총장도 포함되어 있었다. 다섯 사람을 죽인 뒤 유학생 역시 자살했다는 것이다. 더욱 기가 막힌 일은 그 유학생은 베이징대학에서 펑과 함께 공부했으며, 펑의 아내의 룸메이트와 사귀었다는 사실이다.

그런데 이때 펑은 이 사건을 두고 중국 친구들 및 미국 친구들과 여러 가지 이야기를 나누다가 전에는 느끼지 못한 엄청난 문화 차이를 느꼈다. 미국 친구들은 주로 중국 학생이 심리상태가 정상이 아니어서 이런 끔찍한 살인을 저질렀다고 생각했다. 스트레스가 아주 심해 순간 정신이상을 일으켰거나, 아니면 원래 인격 장애가 있었는데 갑자기 폭발했을 가능성이 높다고 해석했다. 그중에 임상심리학과 상담을 공부하는 미국 친구들은 그 학생이 불행한 어린 시절을 보냈거나, 끔찍한 학대를 당했을 것이라고 추측하기도 했다.

반면에 중국 친구들은 유학 생활이 너무 힘들어 잘 적응하지 못해 일어난 사건이라고 짐작했다. 다시 말해, 살인을 저지른 학생 내면의 문제라기보다 주변 환경이 그가 살인을 하도록 몰아간 것이라고 생각했다. 아마도 중국 사람이 많이 살고 있지 않은 지역에서 생활한 것도 영향이 컸을 것이라고 추측했다.

게다가 미국인 친구들은 펑의 아내도 많이 놀랐겠다고 위로하면서, 만약 아내의 룸메이트가 그 학생과 결혼을 했더라면 끔찍한 일을 당할 수도 있었을 것이라고 했다. 왜냐하면 펑의 미국인 친구들은 이미 그 학생 '개인'을 걸어 다니는 시한폭탄 정도로 간주했기 때문이다. 하지만 펑과 그의 아내, 그리고 여러 중국인 친구들은 아무도 그렇게 생각하지 않았다. 오히려 그 친구를 걸어 다니는 시한폭탄으로 생각하는 것을 전혀 이해할 수 없었다. 또한 펑의 아내는 룸메이트가 그 남학생과 결혼하지 않은 것을 아주 안타깝게 생각했다. 만약 두 사람이 결혼한 뒤 유학을 왔다면, 외로운 유학 생활을 잘 이겨낼 수 있었을 것이라고 생각했다.

이 모든 상황을 지켜본 펑은 한 사건을 두고 두 나라 학생들이 생각이 아주 다른 것을 보고 충격을 받았다. 중국 학생들은 두 사람이 결혼했다면 결코 그 학생이 살인자가 되지 않았을 것이라고 생각하는 반면, 미국 학생들은 만약 결혼했다면 여자는 이미 죽은 몸이라고 생각했다. 이것이 바로 인간의 내면적인 심리와 대인관계에 대한 중국과 미국의 문화 차이인 것이다.

이 사건을 계기로 펑은 심리학과 동료들과 함께 중국 유학생 살인 사건과 아주 비슷한 백인 총기 사건을 놓고 중국인들과 미국인들의 반응을 비교하는 연구를 시작했다. 놀랍게도 미국인들과 중국인들은 아주 대조되는 판단을 하는 것으로 확인되었다. 다시 말해, 미국인들은 인간이 극단적인 행동을 하는 원인을 개인의 기질 문제로 파악하려는 경향이 있는 반면, 중국 사람들은 주어진 상황이 미치는 영향력에 훨씬 큰 비중을 두었다. 이 연구를 통해 펑은 미국 문화심리학을 이끄는 학자 대열에 올랐다. 펑은 친구를 미친 사람으로 몰아붙이는 미국인을 향해 그들이 인간의 보편적인 심리와 정신 건강의 척도로 생각해온 것들이 사실은 아주 미국적인 문화의 산물임을 확실하게 보여주었다. 그런데 펑 교수를 비롯한 많은 동양계 비교문화심리학자들이 미국인과 동양인의 차이를 일반화하고 이분화하는 것을 목적으로 학문을 한다면, 이 역시 미국적인 생각이다. 문화 차이라는 것은 미국인은 다 이렇고, 동양 사람은 다 이렇다는, 즉 '이것 아니면 저것'의 문제가 아니다.

사실 대부분의 문화심리학자들이 말하는 유럽계 미국인들(Euro-Americans)이란 말은 문자 그대로 유럽이나 미국 시민권을 가진 개인들의 총합을 나타내는 것이 아니라, 서구 문화의 영향을 많이 받은 모든 사람을 뜻한다. 즉, 미국에서 태어난 한국인 2세나 3세는 오히려 미국 문화의 영향권 아래에서 자라나고 교육받았다는 점에서는 유럽계 미국인이라고 부를 수도 있다는 말이다. 다시 말해, 내가 미국인들이 어떤 사람의 행동을 그가 처한 상황보다 그 사람의 기질로 설명하려는 경향을 미국적인 편견이라고 비판했다고 하자. 이 비판의 내용도 사실 모든 미국인들의 기질을 문제 삼는 것이 아니라, 미국 문화가 가지고 있는 일반적 특징을 문제 삼고 있는 것이다.

펑 교수는 미국 문화에 있는 이러한 개인의 기질을 위주로 판단하는 경향성을 '알렉스 트리벡 효과(Alex Trebeck effect)'라고 부른다. 알렉스 트리벡은 유명한 퀴즈 프로그램인 제퍼디Jeopardy를 진행하는 사회자의 이름이다. 대부분의 미국 사람들은 알렉스 트리벡이 상당히 똑똑하다고 생각한다. 연출자가 미리 그에게 정답이 적힌 종이를 준 '상황(situation)'을 살짝 잊어버린 것이다. 그가 정말로 똑똑한 것이 아니라 퀴즈 프로그램을 진행하기 때문에 만물박사처럼 똑똑해 보일 뿐이다. 바로 이것이 미국인들이 그들의 문화 속에서 갖는 심리 착란 현상이다. 우리나라 사람들은 퀴즈 프로그램을 진행하는 사회자가 아주 똑똑한 사람이라고 생각하지 않는다. 오히려 우리는 사회자의 상황이 지나치게 부각되어 사회자가 문제를 죄다 아는 척해도 사실은 퀴즈에 출연하고 있는 학생보다도 더 퀴즈를 모를 것이라고 가정하기도 한다.

다시 앞서 소개한 박문수 이야기로 돌아가 보자. 이 이야기를 이해할 때도 이러한 문제의식을 염두에 두어야 한다. 박문수 이야기는 한 개인의 감정이나 행동에 관한 이야기이자 한국인들의 상황적 사고를 잘 보여준다. 다시 말해, 노망든 시어머니에게 대들지 않고 오히려 분노를 삭이는 며느리의 감정을 '얼어붙거나 억압되어 있는 것으로 치부해서는 안 된다는 것이다. 이것은 한 개인의 보편적인 기질 때문에 생긴 문제가 아닐 수도 있다. 즉, 문화가 개인의 심리에 영향을 미친다는 사실을 간과해서는 안 된다는 말이다.

박문수 이야기는 분명히 부모와 자녀 관계에 대한 이야기이다. 이 이야기 속에는 서양인들이 이해하기 힘든 독특한 한국의 가족 관계가 담겨 있다. 반면, 부모와 자녀 관계에 대한 이야기는 감정 교류에 대한 이야기이기도 하다. 따라서 한국의 가족 관계를 문화적 시각으로 보지 않으면, 앞서 며느리의 효 이야기는 정신 장애를 가진 개인이 정상적으로 감정 표현을 하지 못하는 병리적인 이야기로 바뀌어 버리고 만다.

과연 한국인이 아니면 이해하기 힘든 관계를 어떻게 서양 사람들에게 설명할 수 있을까? 사실 정신 건강 전문인이라면 누구나 한국의 독특한 가족 관계를 오해할 가능성이 있다. 예를 들어, 정신과 의사나 심리치료사가 박문수 이야기에 나오는 부부를 상담한다면, 무엇보다도 '얼어붙은 감정'이 어디서 비롯되었는지 살펴볼 것이다. 먼저 며느리의 '얼어붙은 감정'의 원인을 찾기 위해 심리치료사는 며느리의 어릴 적 원가족(family of origin)과의 관계와 경험을 살펴본다. 어렸을 때 가족 관계가 정상적이지 못해서 불행한 경험을 했기 때문에 자유롭게 감정 표현을 할 수 없는 것으로 추측한다. 심지어 어떤 정신 건강 전문인은 며느리가 감정을 밖으로 표현하지 못하는 것이 일생 동안 나쁜 영향을 미칠 것이라고 말할 것이다.

만약 서양 사람들에게 한국의 '효성'이라는 전통에 대해 열심히 설명하면, 겉으로는 알아듣는 척하다가 결국은 가족주의 문화 안에서 감정을 얼어붙게 만든 원인이 효성이라고 단정할 것이다. 그리고 병리학 관점에서 효성을 다음과 같이 정의할지도 모른다. "효성이란 한국인의 가족 관계 속에서 부모에 대한 자식의 도리와 의무를 강요하면서, 감정을 억압하는 방식이다." 우리에게는 이런 정의가 말도 안 되는 것이지만, 서양 사람들에게는 적절하게 보인다. 사실 이야기 속의 며느리는 분명 자신의 감정을 억압하고 있기 때문이다.

서양의 사고구조는 억압이 있다면, 억압하는 상대가 반드시 존재한다는 상하 수직 구조다. 원인이 있으면 반드시 결과가 따른다. 이것 아니면 저것이지, 한국인의 "글쎄"는 통하지 않는다. 그래서 가족 관계에서 감정 표현을 억제하는 것을 발견하면, 그 원인을 찾으려고 하는 것이다. 이러한 서양의 사고 구조로 볼 때 한국인의 관계는 아주 의심스럽게 보일 수밖에 없다.

그렇다면 과연 한국의 가족 관계는 효성이라는 가치가 바탕에 있는 것이 아니라, 억압을 전제로 하는 숨 막히는 구조인가? 그래서 이러한 병리적인 관계를 벗어나기 위해서 효로 묶여 있는 한국인의 관계는 재고해야 하는가? 과연 한국인의 가족주의 문화에서 '관계'는 병리적인 것일까? 아니면, 서양인에게는 없는 위대한 전통 유산인가?

한국인의 관계를 제대로 이해하기 위해서는 이것 아니면 저것을 선택하는 양자택일의 관점이 아니라, '둘 다'의 변증법적 관점으로 보아야 한다. 무엇보다 분명한 것은 한국인의 관계를 교차 문화적으로 다루기 위해서 이제 서양의 사고 틀이 아닌, 새로운 사고 틀이 필요하다는 점이다.

한국적인 '관계'의 문화심리학

미국에서 상담사로 일할 때, 교포 여대생을 만난 적이 있다. 학생은 명문대학을 다니고 있었고, 부모님 또한 재력과 훌륭한 인품을 가진 행복한 가정에서 태어났다. 그런데 자라면서 아버지와 의사소통이 잘 안 되어 자주 다투었다. 상황이 점점 나빠지자 학생은 한국인 상담사를 찾다가 나한테 왔다. 한국말이 서툰데도 굳이 나를 찾아온 이유는 한국 가족 문화에 대해 잘 알고 있는 전문가에게 상담을 받고 싶었기 때문이었다. 학생은 먼저 아버지를 얼마나 좋아하고 존경하는지 이야기하기 시작했다. 그런데 어렸을 때부터 아버지에게 조금 이상한 면이 있었는데, 그것이 아버지가 가지고 있는 개인 문제인지, 아니면 한국 문화에 있는 당연한 현상인지 알고 싶어했다.

감정을 억압하는 가족 문화

학생의 아버지는 한국에서 대학을 졸업한 뒤 미국으로 이민 온 이민 1세다. 아버지는 평소에 무척 자상하고 너그러웠다. 그런데 가끔씩 학생에게 불같이 화를 내곤 했다. 한번은 가족이 함께 여름휴가를 갈 예정이었는데, 아버지는 식구들과 의논하지도 않고 장소와 날짜를 정해서 알려주었다. 학생은 아버지가 정한 날은 친구들과 수영장에 가기로 이미 약속한 날이라서 속상하다고 말하면서, 왜 늘 모든 일을 아버지 혼자 결정하느냐고 따져 물었다. 그러자 아버지는 무섭게 화를 냈는데, 그 모습이 지금도 잊혀지지 않는다고 했다. 그 뒤에도 비슷한 일들이 간혹 생겼는데, 그때마다 아버지는 똑같이 화를 냈다. 학생은 아버지의 반응을 분석해 보았는데, 자신이 아버지 의견에 반대하거나 불편한 감정을 드러내면 늘 화를 냈다고 한다. 분노에 사로잡힌 아버지는 학생에게 늘 "아니, 얘가 어디다 대고……."라고 말했다. 학생은 이 말이 자신의 마음속에 못처럼 박혀 있다고 했다.

이야기를 다 마친 학생은 조금 흥분해서 나에게 이렇게 물었다. "이게 아버지 개인의 문제인가요? 한국 문화의 문제인가요?" 순간 나는 당황해서 학생은 어떻게 생각하느냐고 되물었다. 학생은 어색하게 웃으며, 아마도 둘 다인 것 같다고 말끝을 흐렸다. 둘 다 아니라고 단호하게 이야기하고 싶었지만 얼버무리고 말았다. 나는 학생의 아버지는 딸이 '혹시나 버릇

없이 크지 않을까라고 걱정하는 마음이 컸기 때문이라고 말해주고 싶었다. 또 한국 문화는 부모의 말에 무조건 순종하고 감정을 드러내지 못하게 하는 것이 아니라, 잘 들여다보면 속 깊고 기품 있는 문화라고 변호하고 싶었다. 하지만 우리 아이들이 부모를 비롯한 어른들로 인해 서양 아이들보다 감정적 자아를 훨씬 억누르고 있다는 것은 분명하다.

어린 시절 나는 동화책이나 책을 읽으면 '느낀' 점을 쓰라는 선생님의 말을 듣고 독후감을 썼던 적이 있다. 그러나 늘 내가 썼던 내용은 느낀 점이라기보다는 교훈이나 배울 점으로 '생각'해 낸 것이었다. 우리는 어쩌면 생각과 느낌을 혼동하도록 교육받아 왔는지도 모른다. 그래서 생각이나 판단을 느낌으로 착각할 때가 많다. 아이는 부모에게 야단맞을 때 잘못했다는 생각을 하기는 하지만 자신의 내면에 숨어 있는 창피하고 억울한 느낌은 좀처럼 표현하지 못한다. 아이는 어떠한 감정도 나타낼 수가 없다. 심지어는 눈물을 보이고 우는 것도 금지된다. 어른들은 종종 "울지 마! 뭘 잘했다고 울어?"라는 말로 아이들을 혼낸다.

한국 문화에 익숙한 어른들은 아이들이 자기 생각이나 감정을 거침없이 표현하면 버릇없다고 느낀다. 성숙하지 못한 감정을 드러내는 것을 말대꾸로 받아들인다. 어른에게 화내는 아이는 무조건 나쁜 아이다. 어른이 화를 낸다고 무조건 나쁜 어른이라고 몰아붙이지 않는 것과는 사뭇 다르다. '감정적 아이(emotional kid)'를 나쁜 아이나 가정교육을 제대로 못 받은 아이로 취급하면, 아이는 어렸을 때부터 감정을 묶어 놓거나, 혹은 극단적인 경우에는 아무것도 느끼지 못하면서 성장할 수도 있다.

한국에 사는 학생은 이런 이유로 상담을 하러 오지 않는다. 한국에서는 부모나 어른에게 자신의 생각이나 감정을 자유롭게 표현하는 '나쁜' 짓을 하는 친구들이 많지 않기 때문이다. 그러나 미국에서 태어나 자란 이 학생의 주위에는 아버지가 말하는 '나쁜' 친구들이 너무도 많았다. 미국에서 자란 그녀는 많은 친구들이 부모에게 자신의 감정을 부담 없이 전하는 것을 자주 접했던 것이다.

어렸을 때부터 감정을 억압하며 자라는 우리의 아이들은 어른이 되었을 때 웬만한 슬픔이나 분노는 거뜬하게 이겨내는 내성이 있다고 볼 수도 있다. 함께 심리치료를 공부하던 미국 친구에게 박문수 이야기를 들려주자 그는 내게 "너 같으면 어떻게 하겠느냐?"고 물었다. 나는 한참 동안 생각한 뒤 이렇게 대답했다. "아마도 며느리처럼 아이를 땅에 묻고 닭죽을 끓이지는 못할 것 같아. 이성을 잃고 안절부절 못하겠지." 그러자 그 친구는 다시 "그렇다면, 너도 아이의 죽음을 노모에게 알리지 않을 거야?" 하고 물었다. "글쎄 노모에게 알린다고 무슨 소용이 있겠어. 또 화를 낸다고 달라질 게 아무것도 없잖아. 그저 가슴에 한恨으로 묻을 수밖에 없을 것 같아." 그러자 친구는 "아마도 자네 역시 오래 상담을 받아야겠네"라고 말했다.

서양 사람들이 보기에 도저히 참을 수 없는 일을 당하고도 전문가에게 상담도 받지 않고 감정을 억누르며 사는 한국 사람들은 이해하기 어려울 것이다. 늦었다고 생각할 때가 가장 빠른 때라고 하는데, 지금이라도 효성 깊은 한국인들은 모두 상담을 받으러 가야 할까?

내 목을 내가 조르면 결코 죽지 않는다.

박문수 이야기에 나오는 부부가 미국에서 가장 유능한 심리치료사나 상담사에게 상담을 받는 상황을 가정해보자. 서양에서는 가장 먼저 감정을 억압하는 근본 원인을 찾는 치료를 한다. 심리치료사는 부부가 거의 감정을 정상적으로 느끼지 못하고 있는 것을 발견한다. 서양에서는 인간관계에서 이렇듯 감정을 억압하는 양상을 '선형(linear)'으로 본다. 다시 말해, 갑이라는 사람이 을이라는 사람과 선형적인 관계를 맺을 때 억압 구조가 생긴다고 본다. 이 억압 구조는 갑과 을의 종속 관계이다. 시어머니를 갑이라고 하고 며느리를 을이라고 할 때, 갑이 을을 억압하고 있기 때문에 이 관계는 을이 풀어야 한다. 불행하게도 갑은 노망이 들어 정신상태가 정상이 아니지만, 을이 갑에게 아주 조금이라도 감정 표현을 할 때 을은 상처받은 감정을 치유할 수 있다. 얼어붙은 감정이 완전히 건강해지지는 못해도 을의 감정을 뿌리 깊은 억압으로부터 지켜 낼 수 있다고 보는 것이다.

하지만 이런 서양의 선형적 억압 구조로 한국의 가족 관계를 평가하기는 어렵다. 한국의 가족 구조에서, 아버지와 아들, 어머니와 아들, 아버지와 딸, 혹은 어머니와 딸의 관계를 갑과 을이라는 독립 개체의 선형적인 관계로 보기는 힘들다. 한국 가족에서의 개인은 늘 가족 안에서 의미가 있다. 개인은 맏아들이거나 맏딸이요, 어머니이거나 며느리이다. 오히려 개인을 가족이라는 커다란 몸의 팔다리 같은 상호의존적 개체로 이해해야 한다. 내 몸을 이루고 있는 팔, 다리, 허리, 머리, 손가락, 발가락, 그리고 내장기관 따위는 서로 연결되어 있다. 한의학에서 말하는 건강은 몸 중에 어떤 기관이 특별히 건강한 것을 뜻하는 것이 아니라 각 기관의 상호의존적 작용이 균형을 이루고 있음을 의미한다. 따라서 병을 치료할 때 보약과 침을 써서 약해진 기관만이 아니라 주변 기관을 두루 보강해 전체 균형을 이루도록 한다. 서양에서는 상처 한 곳에 집중하는 수술이 발달한 반면, 동양에서는 침으로 혈맥 전체의 항상성을 유지하는 것을 중요하게 생각한다. 이것은 바로 관계를 바라보는 문화적 시각과 관련이 있다. 손목을 다쳐서 한의원에 가면, 아픈 손목에는 침을 안 놓고 팔꿈치나 심지어는 발목에 침을 놓기도 한다. 이것이 바로 전체 균형을 더욱 중요하게 생각하는 상호의존적인 시각이다.

　그렇다면 서양의 선형적 억압 구조를 가지고, 상호의존적인 팔다리와 몸 간의 억압에 대해 논한다고 가정해보자. 내 신체의 한 기관이 다른 기관을 억압할 수 있을까? 내 팔이 내 다리를 어떻게 억압할까? 내 감각기관이 어떻게 내장기관을 억압할 수 있을까? 내 몸 전체를 통제할 것 같은 뇌도 사실은 내 몸을 완전하게 억압하지는 못한다. 가장 극단적인 예를 들면, 사람은 자신의 목을 졸라 죽을 수는 없다고 한다. 왜냐하면 우리 몸은 한 가지 목적을 위해서 움직이는데, 바로 몸 전체의 균형을 이루기 위한 항상성을 유지하기 위해서다. 힘껏 손에 힘을 주어 자신의 목을 조르려고 해도, 죽지 않을 만큼만 힘을 준다는 것이다. 눈이 안 보이는 사람들은 귀가 발달하는 것 역시 마찬가지다. 필요 없는 기관은 스스로 힘을 잃고 필요한 기관은 힘을 얻는다. 우리 몸의 모든 기관은 선형적이 아닌, 방사형으로 관계를 맺고 있는 입체형 구조이다. 몸 안에서 항상성을 이루고 있는 모든 기관은 억압 혹은 종속의 선형적 관계가 아니다. 오히려 전체 균형을 위한 상호보완, 혹은 상호통제를 하는 상호의존적 관계를 맺고 있다. 그러므로 같은 몸 안에서 한 곳을 억압하는 원인 한 가지를 찾는 것은 상당히 어리석은 일이다.

그러므로 며느리에게서 볼 수 있는 얼어붙은 감정을 그저 한 가지 원인 때문에 억압된 감정으로 진단할 것이 아니라 좀 더 다양한 관점으로 볼 필요가 있다. 한국의 상황에서 시어머니가 며느리의 감정을 억압했기 때문에 시어머니와의 억압의 고리를 끊어야 한다고 보는 관점은 맞지 않는다. 이러한 관점은 아주 서양적인 사고인데, 이를 통해 서양적인 사고가 아주 단순하다는 것을 알 수 있다. 왜냐하면 서양의 정신 건강 전문인들은 억압을 설명할 때 주로 한 가지 원인에 집중하기 때문이다.

인간을 연구하는 인간과학이나 사회 전반을 연구하는 사회과학도 한결같이 인간이 한 사회 안에서 왜 그들의 방식으로 행동하는가에 대해 다양하게 설명하고 있다. 이러한 연구를 통해 한 가지 분명해진 사실은 학문을 연구할 때 원인이 오직 하나뿐이라는 환상을 깨야 한다는 것이다. 그렇다면 결국 많은 원인들을 찾아내는 것이 이러한 다양한 학문의 목적일까? 문제의 원인들이 다양하다는 것은 사실은 굳이 연구하지 않아도 연구 결과를 알 수 있다는 뜻이 아닌가?

현대 과학은 수많은 원인들 중에서 상대적으로 통계가 정확한 원인을 채택하는 방식을 따른다. 과학은 온전히 통계에 의존하는 학문이 되어 버렸다. 예를 들어, '왜 인간의 감정이 얼어붙는 것일까'를 다루는 연구를 가정해보자. 심리학이나 정신의학은 인간의 감정은 대인 관계에서 오는 무의식적인 억압 때문에 굳어진다고 생각한다. 그러나 한 사회나 문화 안에서 인간의 문제를 연구하는 사회심리학이나 인류학에서는 한 사람의 감정이 얼어붙는 현상이, 억압보다는 오랜 시간 그 사회나 문화가 가지고 있는 대인 관계의 구조 안에서 자발적으로 형성되는 심리일 수 있다고 본다. 인류학자들은 남태평양의 타이티 섬에는 '화(anger)'라는 단어가 없다는 것을 그 예로 들고 있다. 정신분석학자들은 이를 두고 너무 억압되어서 '화'라는 단어조차 없다고 주장할지도 모른다. 하지만 인류학자들은 억압을 받아서가 아니라 오랜 세월 서로를 존중하고 상대방을 배려하는 것을 분노보다 먼저 생각하는 '사회심리'가 형성되었기 때문이라고 본다. 여기서 우리 한국 사람들은 인류학적인 접근법에 손을 들어주고 싶을 것이다. 한국 사람들에게 효는 오랫동안 부모를 존경하는 마음이 배어나와 감정 표현을 스스로 자제하는 것이지, 결코 감정을 억압하는 것이 아니라고 말이다. 사실 우리 민족의 독특한 가족 관계를 다룬 이야기에는 억압의 요소보다 감동적으로 들을 수 있는 요소가 더 많다.

하지만 이렇게 얼어붙은 감정을 억압으로만 보는 심리학 관점뿐만 아니라 문화 가치를 형성하는 사회심리 현상으로 보려는 인류학 관점 또한 아주 서양적인 사고이다. 문제에 대해 한 가지 원인을 주장하는 것이나, 많은 원인들 중에 상대적으로 우세한 원인 한 가지를 채택하려는 것도 선형적 구도임에 틀림없기 때문이다. 여전히 서양 정신과 의사들은 선형적 관점으로 진단해서 억압을 하는 주범이 노모이거나, '효'라는 이름으로 묶인 부모와 자식 관계라고 할 것이다. 또한 문제의 원인이 한 가지라고 주장하지 않고, 여러 가지 이유가 있을 수 있다는 주장 역시 동서양이 서로 가지고 있는 오해의 벽을 넘지 못한다. 결국 서양의 정신 건강 전문인들은 "감정을 억압하는 그런 부모와 자식 관계는 잘못된 것"이라고 진단할 것이다. 우리의 미풍양속이라고 자부심을 느꼈던 가족 관계를 미친 사람들의 관계로 볼 수도 있다. 그렇다면 이 문제에 대해 서로 납득할 만한 설명은 없을까?

한국의 가족 관계를 보는 새로운 시각

문화심리나 가치를 좀 더 강조하는 사회심리와 인류학적인 관점 역시 서양의 선형적 구도라면, 우리에게는 새로운 인과론이 필요할 것이다. 내가 생각하기에 며느리의 감정이 얼어붙은 원인은 '찾을 수 없다.' 아니, 찾을 수 없을 만큼 서로 엉켜 있다고 해야 정확하다. 억압된 감정은 마치 헝클어진 실타래처럼 감정들이 서로 복잡하게 얽혀 있다.

인공지능학이나 게임이론가들이 단일 원인이나 복합 원인을 보완하는 제3의 개념으로 '상호연관적 원인(mutual causation)'을 말하기 시작했다. 1948년, 미국 MIT의 수학과 교수인 노버트 위너Norbert Wiener가 『사이버네틱스Cybernetics』를 출판하면서 유기체와 기계의 제어와 상호전달(communication)의 관계를 비교 연구하는 인공지능학이 태동했다. 또한 상호 인과관계를 기초로 한 시스템 연구를 통해 학문의 구조를 본격적으로 새롭게 편성하기 시작했다. 이는 1942년에 시작된 생물학자, 컴퓨터 공학자, 인류학자, 철학자들로 구성된 인류 최초의 학제 간(interdisciplinary) 학회인 메이시 컨퍼런스Macy Conference의 연구 결과였다. 1951년까지 해마다 진행된 이 모임에는 위너를 비롯해 저명한 인류학자 마가렛 미드Margaret Mead, 과학철학과 정신의학 분야에서 체계적 사고를 소개한 그레고리 베이트슨Gregory Bateson, 컴퓨터 과학의 창시자 중의 한 사람인 존 폰 뉴만John von Neumann, 인공지능(AI) 분야의 선구자인 워렌 맥컬로흐Warren

McCulloch 등이 참석했다. 그 뒤 1942년부터 1951년에 걸쳐 경영학, 교육학, 사회학, 가족치료학 등 다양한 인문 분야에서 선형적인 사고의 틀을 벗어나 시스템적인 사고로 전환하는 데 크게 기여한 학제 간 연구들이 출판되었다.1)

이제 어느 학문 분야에서도 원인을 찾을 때 선형적 구도를 사용하지 않는다. 사회과학의 역사는 인간 행동의 직접적인 원인을 찾아내는 일이 거의 불가능하다는 사실을 증명하고 있다. 한 개인의 감정이 얼어붙은 이유를 어느 한 가지로 규정할 수 없다는 것이다. 오히려 한 인간의 행동이나 감정 변화는 여러 가지 원인이 서로 작용하는 과정에서 생긴 현상이라고 보아야 한다.

특히 한국의 가족주의 모형에서는 선형적 인과관계의 구도로 감정이 얼어붙는 과정을 이해하는 것은 바람직하지 않다. 시어머니가 며느리를 억압했기 때문에 며느리가 억압의 고리를 풀어야 한다는 것은 아주 단순한 인과론적 설명이다. 이러한 직선 구도로 보자면 며느리를 억압하는 시어머니는 또한 자신을 억압한 시어머니에게 억압을 받았다고 볼 수 있다. 이렇게 보자면 억압의 고리는 까마득하게 먼 과거로 거슬러 올라가야만 한다.

어사 박문수가 만났던 효성스런 부부와 어머니의 관계 그리고 정서 상태를 어떻게 이해할 수 있을까? 늙고 병든 어머니 혹은 효도에 대한 강박관념이 부부의 감정을 통제했다고 보기보다는 가족 안에 방사형으로 얽혀 있는 상호 연관적인 원인들이 있음을 기억해야 한다. 남편은 아내에게 말한다. "우리와 이 아이와의 인연은 이 만큼인 것 같소." 남편은 아이가 죽은 이유를 어디에서 찾고 있는 것일까? 부부와 아이의 인연이라면, 아이가 이 비극의 원인이란 말인가? 아니면 부부가 원인인가?

이 질문에 꼭 맞는 답은 없다. 원인은 아주 많고, 원인과 원인은 서로 연결되어 있다. 이러한 다양한 원인들이 바로 가족 체계를 유지하기 위해 서로 작용한다. 한국인들은 늙고 병든 어머니를 증오하기보다는 어머니의 자리에 그대로 둔다. 서양적 사고로 볼 때는 '미친 짓'이다. 특히 며느리가 아무 일도 없었다는 듯 시어머니에 닭죽을 끓어 바치는 대목은 도무지 이해할 수 없는 행위다. 자식을 처참하게 죽인 시어머니에게 슬픔과 분노를 자연스럽게 표현하지 못하는 며느리의 감정을 가족 관계를 유지하는 방향으로 몰아간다. 며느리의 감정을 얼어붙게 한 원인은 한 가지가 아니다. 며느리는 효를 강조하는 가정교육을 받으면서 자라나 감정보다는 가치와 관계를 더 중요하게 생각하거나, 어쩌면 감정 표현을 잘 못하는 성격을 타고 났을 수도 있다. 하지만 자식을 잃은 고통스러운 감정을 그대로 표현하면, 가족 체계가 무너지고 만다는 사실을 며느리는 잘 알고 있다. 바로 그 순간 며느리의 감정은 차갑게 얼어버린 것이다.

어느 날 어사 박문수 이야기에 나오는 며느리가 나를 찾아와 상담을 의뢰한다면, 내 머릿속은 복잡해질 것이다. 물론 나는 서양 사람들처럼 며느리의 얼어붙은 감정이 무조건 위험하다고 보지는 않는다. 또한 한국의 전통적인 부모 자식 관계가 며느리의 감정을 얼어붙게 했다고 판단하지도 않는다. 하지만 오랜 기간 남을 먼저 배려하는 것이 익숙해져서 며느리의 감정을 얼어붙도록 한 부분에 대해서는 꼼꼼하게 살펴볼 것이다. 왜냐하면 한국 문화에서 가족 관계는 각자의 자아 경계(ego boundary)가 모호하게 얽히고설킨 병리적인 구조라는 서양의 정신 건강 전문의들의 견해는 음미해볼 필요가 있기 때문이다. 개인의 감정을 가족 전체를 위해 숨기고 조율하는 과정에서, 나와 다른 가족 구성원들 간의 경계가 구별하기 어려울 정도로 모호해지며, 그렇게 가족관계가 얽히고설켜 결국 개인의 정신건강은 피폐해진다는 그들의 주장은 논리적으로 타당해 보이기도 한다.

그러나 과연 관계가 얽히고설켜 있다고 해서 정상이 아니라고 단정할 수 있을까? 다음 장에서 그 질문에 대한 답을 찾아보자.

얽히고 설킨 관계와 모호한 경계의 해법

앞에서 서양 사람들, 특히나 정신 건강 전문가들에게는 한국의 전통 가치나 수직적인 문화가 우리 내부의 억압을 강요하는 결정적인 요인처럼 보일 수 있다고 강조했다. 그렇다면 한국 문화는 과연 정신 건강의 적인가?

문화는 개인의 심리적 안정이나 정신 건강과 대립되는 관계로 보일 때가 많다. 우리나라에서 일하는 정신 건강 전문인들은 과연 정신 건강과, 전통 가치와 문화적인 변화에 대한 적응 가운데 하나를 골라 그것을 먼저 고려해야 할까? 그렇지 않다. 둘 중 하나를 선택할 필요는 없다. 그 이유는 우선 우리가 정신 건강에 대한 정의부터 새롭게 내려야 하기 때문이다. 서양 사람들이 걱정하는 한국 사람의 억압된 감정에 대한 논

의도 서양 사람들의 방식으로 진행해서는 안 된다.

나는 인간 감정을 억압하는 문화, 혹은 인간관계가 주는 심리적 압박감에 대해 더 큰 밑그림을 그리는 것이 바람직하다고 생각한다. 그래서 우선 한국 문화에 있는 문화적 이상을 기초로 한 한국인의 자기(self) 해석과 심리적인 경계와 관계에 대해 총체적으로 이해할 것을 제안한다. 이것이 정신 건강과 관련된 이분법적 난제를 풀 수 있는 실마리이기 때문이다.

경계와 자기의 문화적 이해

일상생활에서 경험하는 '경계 문제'는 명확하게 구별해야 하는 경계가 모호해질 때 생긴다. 예를 들면, 한국과 일본 간의 대륙붕 문제나 독도 영유권 주장이 바로 경계 문제이다. 또 어느 신문의 특집기사에서 다루었던 한 종교 안에서 생긴 지역 간 교파의 갈등 문제도 경계 문제이다. 일반적으로 보면 우리나라에서 '경계 문제'는 이와 같이 주로 집단과 집단, 나라와 나라 사이의 경계에서 생기는 문제를 의미하는 경우가 많다.

하지만 다른 문화에서는 집단보다 개인의 경계에 관한 문제를 훨씬 중요하게 다루고 있는 것을 발견할 수 있다. 예를 들어, 미국의 상류층이 사는 동네에서는 '침입 금지'라는 팻말이 붙어 있는 대저택을 쉽게 볼 수 있다. 도대체 들어가는 문은 보이지도 않는다. 집 구경 좀 하겠다는 생각은 하지 않는

게 좋다. 괜히 어슬렁거리다가 커다란 개한테 혼쭐이 나거나, 심하면 가택침입죄로 유치장 구경을 할 수도 있다. 미국인들은 자기의 경계에 다른 사람들이 접근하는 것을 아주 꺼려한다. 자기가 설정해 놓은 경계는 남과 공유하는 공간이 아니라, '나'의 성곽인 동시에 사실 또 다른 '나'이다. 하루에도 지하철에서 수많은 낯선 사람들과 살을 맞대도 별 다른 감응이 없는(물론 여성을 노리는 치한의 파렴치한 행동을 빼고) 우리들은 아이가 귀엽다고 쓰다듬기만 해도 '경계'를 침입했다고 느끼는 미국인들의 지나친 경계의식을 이해하기 힘들다.

1960년대에 인류학자 에드워드 홀Edward T. Hall은 문화의 영역 안에서 한 인간과 타인 사이에 필요한 공간에 대해 연구한 근접학(proxemics) 이론을 처음으로 수립했다. 그의 대표적인 책 『숨겨진 차원The Hidden Dimension』에서 처음 소개한 '활동영역성(territoriality)'의 개념은 한 인간이 타인과 가장 적당한 물리적 거리(optimal physical distance)가 무너졌을 때 발생하는 부정적인 심리 경험을 기술하는 새로운 전기를 마련했다. 즉, 이후에 진행된 자기(self) 혹은 정체성(identity)에 관한 현대 심리학 연구에서는 '최적의 거리(optimal distance)'가 단지 물리적 공간뿐 아니라 심리적 차원에도 그대로 적용된다고 보았다.

어떤 사람들은 자신을 둘러싼 타인들과 명확한 심리적 경계를 유지함으로써 자신의 내적 영역을 확보하려고 의식 혹은 무의식적으로 노력한다. 반면에 또 어떤 사람들은 자신의 세계에 중요한 타인의 경험들을 계속 흡수하는 관계를 형성해서

다분히 약하고 희미한 경계를 갖고 있다. 미국인들은 최소한 타인과 1m 정도 거리가 있어야 불쾌함을 느끼지 않는다고 가정해보자. 이 1m라는 '최적의 거리'는 다른 문화권 사람 모두에게 적용되는 절대적인 잣대가 될 수 있을까? 아니다. 이때 최적의 거리는 물리적 거리(예를 들면, 지하철 안에 사람과 사람과의 거리)를 의미할 뿐 아니라, 자기를 심리적으로 해석하는 방식에 나타나는 타인과의 심리적 거리도 포함한다. 예를 들면, 서구 문화권에서 '나'를 울타리가 있는 외딴 집에 독립해 사는 존재로 이해한다면, 동양 문화권에서는 '나'를 큰 기와집에 식구들과 함께 모여 사는 방식으로 이해한다. 전자를 '독립적 자기 해석(independent self construal)'이라고 부르고, 후자를 '상호의존적 자기 해석(interdependent self construal)'이라고 부른다.2) 이렇게 자기 해석을 다르게 하기 때문에 서로 다른 정체성 및 정신 건강 문제가 생기는 것이다.

그러므로 정신 건강 전문인들이 관심을 가지고 인간의 심리 영역에 적용하는 '안전한 느낌'을 주는 거리의 문제는 언제나 문화의 문제이다. 어떤 문화에서는 명확한 경계가 안정감과 평안함을 주는 반면, 다른 문화에서는 경계보다는 다소 모호한 경계를 유발할 수도 있는 관계성(relationality)이 그 문화권 사람들에게 편안함을 준다. 감정 자체는 범문화적 보편성을 가진다고 할 수 있지만, 그 감정에 영향을 끼치는 '최적의 거리'는 문화 차이가 있다는 것이다. 다시 말해 기쁨은 범문화적인 감정이지만 어떤 사람은 내적인 경계 안에서 기쁨을 느끼는 반면, 다른 사람은 내적인 영역을 넘어 타인의 마음에 비춰지는 자신을 알고 난 뒤에야 기쁨을 느낀다. 이 사실은 나와 타인 사이의 최적의 거리는 개인적이고 문화적인 차이가 있다는 것을 보여준다.

한 개인의 심리적 경계와 관련된 비교문화적인 심리학 연구는, 북미와 서유럽에 일반화된 자기 해석 방식이 주변의 상호 인간관계와는 독립된, 다분히 자율적이고 개인주의적인 형태로 나타난다는 발견에서 구체화되기 시작했다. 사회심리학에서의 개인주의(individualism)는 한 개인이 자신과 타인을 분리하는 뚜렷한 경계를 지정하고 있음을 의미한다. 여기서 개인의 주체성은 나(self)와 타인이 뚜렷하게 구분되는 것을 뜻한다. 미국 문화의 가장 두드러진 특징 가운데 하나로 이런 경계가 나누는 개인의 주체성 및 자율성(autonomy)을 꼽는다. 싱가포르계 신학자인 렝 레로이 림Leng Leroy Lim은 미국적 자율성 및 경계와 관련한 미국 문화를 다음과 같이 진단했다:

미국이 숭배하는 자율성은 다음과 같다. 바로 이 자율성 때문에 최초의 백인 정착자들은 인디언들과 맺은 평화조약을 깨뜨렸다. 또한 이 자율성 때문에 아버지들과 아이들, 성직자들과 교인들, 남자들과 그들의 아내, 가진 자들과 가난한 자들, 백인들과 흑인들 사이에 한 약속이 깨졌다. 이런 불평등한 권력 관계는 둘째 치고라도, 당신이 전화도 없이 미국인 집을 방문했을 때라든지, 아니면 3피트 이내의 거리로 접근했을 때 미국인들은 침범 당했다고 느낀다. 왜냐하면 당신이 그들의 자유와 자율성을 구속했다고 생각하기 때문이다.[3]

한편, 사회심리학자들은 다른 문화권의 아주 다른 집단주의적 패턴이 그 구성원의 자기 구성 및 해석 방식에 깊이 관여한다는 인류학적 발견에 관심을 갖기 시작했다.[4] 이렇게 자기의 자율적인(autonomous) 해석 방식과 관계적인(relational) 해석방식을 구별하면서, 개인주의(individualism)와 집단주의(collectivism)라는 다분히 이분법적인 구분이 사회심리학에 나타났다. 일리노이대학의 저명한 사회심리학자인 해리 트리안디스Harry C. Triandis는 어림잡아 세계 인구의 삼분의 이 정도는 자기와 타인의 경계가 모호한 집단주의 문화에 살고 있다고 진단하면서, 가장 이상적인 개인의 건강이나 사회적 건강은 개인주의적이고 집단주의적 경향 사이의 균형에서 비롯된다고 주장했다.[5] 그 뒤 한 개인이나 집단이 개인주의적으로 또는 집단주의적으로 느끼고, 생각하고, 행동하는 양식과 그 이유를 탐구하는 사회심리학 연구들은 이분법적 구분에 관심을 갖기보다는 한 개인이 모두 개인주의적이고 집단주의적일 수 있다는 데에 관심을 가졌다.

개인의 자아 개념 사이에 존재하는 경계 문제도 문화적인 이분법, 즉 미국 문화는 잘 썰어 놓은 식빵같이 경계가 확실한 문화요, 한국 문화는 끈적거리는 찰떡같이 경계가 모호한 문화라는 이분법으로 보는 것은 한계가 있다. 경계 문제와 이와 연관된 정신건강 문제는 늘 문화의 텃밭에서 일구는 자기 이해와 해석(self-construal)에 관한 문제이다.

외부적 경계와 내재적 경계

인간은 어느 문화에서든지 외부적 경계를 가지고 산다. 우리의 존재 자체가 만들어 놓은 경계를 살펴보면, 외부적 경계에는 우리 몸이 만들어 내는 육체적 경계(physical boundary)와 성적인 경계(sexual boundary)를 들 수 있다. 육체적 경계는 어느 정도 친밀하게 타인이 나에게 육체적으로 접근하는 것을 허용하며, 어느 정도로 육체 접촉을 허용할지를 통제한다. 또한 이런 육체적 경계에 대한 인식은 거꾸로 내가 타인에게 접근하거나 접촉할 때, 타인에게 안정감을 줄 의무를 갖도록 인도한다. 성적인 경계 역시 타인과 성적인 거리와 접촉을 통제하는 기능을 한다. 이때 경계가 제공하는 거리(distance)란 바로 친밀도(intimacy)와 안전감(security)을 담보하는 심리학 개념으로 사용된다. 육체적 경계나 성적인 경계 같은 외부적 경계를 분명하게 하지 못하면, 가까이 할 수 없고 안전하다고 느낄 수 없는 사람이 되고 만다.

미국의 텔레비전 드라마를 보면 아버지가 다섯 살 난 딸의 방에 들어갈 때 꼭 문을 두드리는 장면을 볼 수 있다. 만약 딸이 아버지가 자기 방에 들어오는 것을 원하지 않으면 말없이 돌아선다. 미국에서는 이런 아버지가 특별히 사려 깊고 예의 바른 아버지가 아니라 아주 평범한 사람이다. 이 아버지에게 외부적 경계가 없으면, 아무리 딸이라도 가까이 갈 수 없는 안전하지 못한 존재가 되고 만다. 냉정하게 자기 경계를 주장하는 딸도 정신병리학으로 보면 아주 건강하고 평범하다.

예전에 방영된 인기 드라마 「한 지붕 세 가족」은 한 집에 세 가족이 함께 살면서 벌어지는 재미있는 이야기로 큰 인기를 끌었다. 우리에게는 이런 상황이 전혀 이상하지 않지만, 서양의 정신 건강 전문인들은 여러 식구가 한 방에 사는 것은 경계가 모호한 것을 넘어 경계가 전혀 없는 것으로 본다. 그리고 그것은 비정상이다. 자신의 경계가 모호한 사람일수록 타인의 경계를 인식하거나 안전하게 지켜줄 수 없다고 보기 때문이다. 그러므로 타인의 경계를 침범하거나, 부당하게 자기 이익을 추구하는 공격자(offender)가 될 수도 있다고 생각한다. 가족 안에서의 공격자는 바로 배우자나 아이들을 폭행하고 학대하는 사람이다. 서양의 정신 건강 전문인에게 가정폭력은 가족 구성원들의 경계가 모호할 때 보다 쉽게 일어날 수 있는 경계 침해(boundary violation) 사례다. 하지만 이런 사례는 아주 극단적으로 경계를 침범한 경우다. 오히려 정신 건강 전문인들은 아주 작고 대수롭지 않은 사안들을 지적한다.

처음 미국에 유학 가서 미국인 친구들과 같이 산 적이 있다. 저녁시간마다 함께 식사도 하고 미국인 친구 방에서 이야기도 나누었다. 그러던 어느 날 저녁시간에, 평소에는 늘 열려 있던 친구 방이 닫혀 있었다. 문을 두드려 보았지만 안에서 아무 소리가 나지 않아 별 생각 없이 방 안으로 들어갔다. 친구는 침대에 누운 채 눈을 가까스로 치켜뜨면서 "혼자 있게 나가줘"라고 말했다. 몸이 아픈가 걱정스러워 한 발 더 다가서자, 친구는 당황해하며 큰 소리로 "제발 혼자 있게 해줘!"라고 소리쳤다. 순간 너무 당황해서 얼른 나왔지만, 며칠 동안 그가 나를 정말 친구로 생각하는지 고민했다. 뒤에 내가 그날 미국인 친구의 경계를 침범했으며, 게다가 내가 그 사실을 인식조차 하지 못했다는 것을 깨달았다.

서양의 정신 건강 전문인들은 외부적 경계뿐만 아니라 인간의 내재적 경계에 대해 많은 관심이 있다. 보이지 않는 성징적 울타리로써 이러한 경계는 다음과 같은 세 가지 기능을 담당하는 것으로 이해한다. 첫째, 타인이 자신의 공간을 침입하는 것을 막고 권리를 보호한다. 둘째, 반대로 우리 자신이 타인의 공간을 침범해 권리를 빼앗지 못하게 경계한다. 셋째, 경계야말로 나와 타인, 즉 우리 모두에게 '우리가 서로에게 누구인지'의 감각을 구체화하는 생활양식을 제공한다. 경계가 '우리 됨(we-ness)'을 가능하게 한다. 경계를 유지하면서 각자의 울타리 안에 있을 때, 나도 있고 너도 있고 우리도 있다.

서양의 정신 건강 전문인들은 내적으로 규정된 경계가 한 개인의 사고와 감정 그리고 행위를 보호하고, 그것들이 외부 요인과 뒤섞이지 않고 제 역할을 할 때 정신이 건강하다고 진단한다. 여기서 내적인 경계란 주로 한 개인의 역할이 만들어

내는 경계이다. 아버지는 아버지의 역할을 감당할 때 아버지로서 경계를 갖는다. 때때로 가족치료사는 역할이 뒤바뀐 가족을 만난다. 예를 들어, 어린 딸이 알코올 중독과 우울증에 걸린 엄마를 보살피는 경우다. 서로의 역할이 바뀐 엄마와 딸의 경계는 모호해진다. 엄마가 딸의 내적인 경계가 건강하게 형성되는 것을 막은 것이다. 결국 딸은 오랫동안 철없는 엄마의 화풀이를 받아주는 '성인 아이(adult child)'를 품은 채 자라났고, 엄마는 분노를 딸에게 퍼부어 딸의 내적인 경계를 망가뜨렸다. 결국 엄마와 딸은 '그들이 서로에게 누구인지'를 깨닫지 못하고 역할이 뒤바뀐 관계를 형성하고 만 것이다.

'정신건강' 개념의 문화화

미국은 아주 많은 인종이 모여 사는 나라다. 따라서 미국의 정신의학은 이민 1세인 외국인들을 진단할 때, 개인주의적인 '경계'를 중심으로 진단하는 것이 어렵다는 것을 인식하기 시작했다. 특히 동양계 이민 1세대나 남미계 이민자의 경우, 개인의 경계만을 따로 떼어내어 진단하기 어렵다는 것을 이해했다. 개인은 처음부터 독립된 개체가 아닌 가족 체계에서 한 부분으로 의미를 갖기 때문이다. 그러므로 이들을 진단할 때는 가족 체계가 가장 중요한 정보다.

정신의학과 정신분석에서 대표적인 비교문화 연구는 알렌 롤랜드Alan Roland의 연구를 들 수 있다. 그는 인도와 일본의 경우를 예로 들면서, 서구 정신의학의 개인주의 틀로는 이들을 진단하고 치료하기 어렵다고 지적했다. 두 나라 사람들을 제대로 이해하려면, 반드시 가족적 자기(familial self)와 영적인 자기(spiritual self)를 이해해야 한다고 역설했다.6) 이러한 비교문화적인 관점은 한 개인을 다루는 정신의학 혹은 정신분석 치료를 할 때, 가족 체계에 드러나는 가족 구성원들 사이의 혼미한 경계를 단일문화적인 관점으로 해석해서는 안 된다는 새로운 사실을 일깨워주었다. 예를 들어, 이민 1세인 스물여섯 살의 한인 청년이 대학원생이 되었지만 독립하지 못하고 부모와 함께 살고 있다. 게다가 청년은 우울 증세가 있다. 이 경우를 단일문화적인 관점으로 보면, 이 청년은 사아 경계가 희미하고, 부모에게 의존하는 장애를 갖고 있다고 볼 수 있다. 그러나 이 청년이 가족구성원으로서 자기 경계를 정상으로 만들지 못한 것은 그가 정서장애를 갖고 있기 때문이 아니라 이민 1세라는 특수한 상황에서 자기를 해석하고 있기 때문이다.

미국에서 활동하는 원로 정신의학자 김익창은 다음과 같이 되묻는다. "동양인의 얽혀 있는 가족 관계가 자아 경계를 모호하게 만들고, 자아 강도(ego strength)를 약하게 한다는 서양 사고에 따르면, 한국 같은 동양이나 미국에 사는 동양인에게 더 많은 정신장애와 정신병리적 현상들이 나타나야 한다. 하지만 그런 관점을 지지해줄 어떠한 자료도 제시된 바 없다."7)

경계 문제는 앞서 살펴본 것처럼 문화적인 문제이다. 또한 정신 건강과 연관해서도 서구 문화의 틀 안에서 건강의 척도

를 문화적 환경에서 새롭게 해석하는 문화화(enculturation) 작업
이 필요하다. 한국 사람에게는 우리의 정신건강과 경계 그리
고 관계에 관해 새롭게 이해할 필요가 있다.

사회심리학적 접근 – '물'의 관계와 '피'의 관계

서양의 사회심리학은 사회생활을 하는 한 개인이 인간관계
를 만들어 가는 과정, 이러한 과정에 영향을 주는 요인들, 즉
정체성, 신뢰, 우정, 갈등 따위를 중심 연구 주제로 삼아 발전
해왔다. 그러나 최근에는 이러한 주제들이 다른 사회, 다른 사
회심리학자들에게도 충분히 보편성이 있는 주제인지에 대해
논의를 진행하고 있다. 특별히 문화를 비교하는 연구에 관심
있는 사회심리학자들은 서양의 틀로 개인을 보는 관점을 바꾸
어야 한다고 주장한다. 서양의 심리학은 개인을 독립된 개체
로 이해하는데, 서구 사회가 아닌 다른 사회에서 나타나는 '관
계적(relational)' 개체가 지니고 살아가는 보이지 않는 끈을 잘못
이해하곤 한다. 개인을 독립된 자아 경계를 가지고 사는 자율
적 존재로 이해하는 서구의 틀로 보면, 이 보이지 않는 끈은
'의존'이나 '병적인 집착'으로도 볼 수 있다.

한국 문화에서 가장 끊을 수 없는 끈은 가족이나 인척관계
이다. 가족 구성원 앞에 붙는 "미우나 고우나"란 말처럼, 개인
감정과 갈등 상황은 늘 뒷전이다. 또한 나이가 들어도 끈이 약
해지거나 끊어지지 않는 특성을 가지고 있다. 가족 관계의 끈

은 평생을 따라다닌다. "미우나 고우나" 정도가 아니라, "죽으나 사나"이다. 서양 사람들은 한국에서 서른이 넘은 성인 남녀가 부모에게 결혼 허락을 받기 위해 갖은 애를 쓰다가 나중에는 단식 투쟁까지 하는 모습을 이해하지 못한다. 반면에 우리는 자식이 부모에게 전화로 약혼했다고 알리면, 약혼자에 대해 알지도 못하면서 기뻐하며 축하한다고 말하는 미국인 부모들을 이해하기 힘들다.

한국의 가족 정서를 표현하는 말 중에 "피는 물보다 진하다"라는 말이 있다. 한국인의 문화와 인간관계를 연구하는 사회심리학 연구는 관계를 '물'로만 이해하는 서양의 분석 틀에서 벗어나야 한다는 것에 동의한다. 즉, 기존의 사회심리학 연구는 피의 관계를 '물'의 관계로 분석했기 때문에 한국 문화의 특수성을 충분하게 담아내지 못했다는 것이다.[8]

예를 들면, 한국인의 고유 정서인 '정情'을 서양인에게 설명하기란 아주 힘들다. 서양의 관점으로 '정'을 '친절하고 애틋한 감정' 혹은 '끈끈한, 호감을 가지고 서로 공감하는 감정'이라고 옮기는데, 딱 맞는 표현이라고 할 수 없다. 정이라는 정서야 말로 '피'의 관계로 분석해야 제대로 이해할 수 있는 문화적인 감정이다. 정은 한국인의 가족 관계에서 가장 강하게 나타난다. 특히 어머니의 정은 가장 강하다. 타인에게 정이라는 감정을 느낄 수 있도록 하는 기본 틀은 무엇인가? 한국인은 언제 어떻게 왜 정이 드는가? 사회심리학자 한규석은 정에 대해 다음과 같이 요약했다.

정은 함께 하는 경험을 통해서 형성되며, 정 들고 안 들고는 상대방과 얼마나 한 가족 같은 행동을 하느냐 않느냐에 달려 있다. 한 이불을 덮고 자고, 한 그릇에 수저를 같이 담그고, 뚜렷한 목적 없이도 같이 빈둥거리는 시간을 많이 보내고, 목욕을 같이 하고, 흉허물 없이 다 터놓고 지내는 사람과 정이 든다. 정을 바탕으로 한 행위는 의도성이 약하다는 면에서 친절한 행위와 구별되며, 보편성 및 가치지향성이 없고 규범에 의한 책임, 의무성을 지니지 않는 점에서는 자비심과도 구별된다.9)

완전한 남인데도 정이 많이 든 사람은 마치 가족 구성원 같은 '우리'로 편입된다. 한국인에게 '우리'라는 어휘가 갖는 사회심리적인 특성을 분석한 연구를 많이 볼 수 있는데, '우리'라는 단어를 들었을 때 가장 많이 떠오르는 것이 바로 '정'이다. 오랜 시간 정을 쌓지 않고는 우리가 될 수 없다. 서로 남인 이웃이 사촌이 되는 이유도 바로 이 '정' 때문이다. 한때 정치권에서 유행한 "우리가 남이가?"라는 말은 '정'의 가족주의적 심리 구조를 아주 잘 드러내주는 말이다. 오죽하면 최근 외자를 유치하기 위해 발 벗고 나선 중국 공무원들이 술자리에서 한국말로 "우리가 남이가?"라는 말을 하며 건배를 할까. 짧은 말 한마디로 그들은 오랜 시간 이웃으로 살아온 두 민족이 남이 아니라 '우리'가 될 수 있다는 것을 강조하고 있는 것이다. "우리가 남이가?"의 '우리'는 성숙하지 못하고 의존한다는 뜻이 아니라, 아주 친밀한 관계를 나타내는 문화 개념이다. 경계가 자연스레 허물어져 융합하는 단계이기도 하다. 우리는 남이 아니라 가족이며 하나이다.

이렇게 한국인의 가족주의적인 관계성은 직장이나 여러 사회단체, 정치권 등에 그대로 적용되는 사회심리가 된다. 뿐만 아니라 종교계에서 강조하는 '우리됨'이라는 개념도 연대감이 강한 가족 관계의 심리가 더욱 확대되어 나타난 것이라고 볼 수 있다. 예를 들어, '주 안에서 형제 자매됨'을 강조하는 교회나 성당 공동체는 사실 가족 공동체이다. 무엇보다 교회 공동체는 하나의 신(아버지)을 섬기고, 목회자를 중심으로 서로를 가족 구성원으로 여기게 하두록 이끈다. 목회 지도자를 '신부(Father)'라고 부르는 가톨릭교회는 말할 것도 없고, 개신교회에서도 "우리가 남이가?"라는 식의 유대감을 중요하게 여긴다.

그러므로 우리나라 기독교회에서는 목사(신부)와 교인들의 관계도 '물'의 관계가 아닌, '피'의 관계일 수밖에 없다. 직장 상사와 부하 직원 관계도 아니고, 선생과 제자 관계와도 다르다. 우리나라에서 목사(신부)와 교인들의 관계는 부모 자식 관계와 아주 비슷하다. 이런 '피'의 관계에는 개인의 이익을 초월하는 희생과 인고의 원리가 적용된다. 나이에 관계없이 목회자가 영적인 아버지나 어머니 노릇을 해주길 바라고, 신도들은 신앙적인 가족을 "우리가 남이가?"의 원칙으로 이끌어주기를 기대한다. 시대가 바뀌고, 사람들이 바라는 성직자의 모습이 변해도, 한국 문화에서 교회의 목회자는 무조건 희생하는 부모의 모습을 닮기를 기대한다. 자신의 확실한 경계를 주장하는 서양의 목회자 같은 목회자는 우리나라에서 찾아보기 힘들다. 아마 서양의 목회자들은 우리나라 개척교회의 목회자들이 사생활도 없이 오로지 교회를 위해 동분서주하는 모습을 이해하지 못할 것이다. 서양에서는 목사와 교인의 관계가 합리성, 평등성, 호혜상응의 원리를 바탕으로 하는 물의 관계이다. 하지만 우리나라 교회에서는 피의 관계로 맺어져 있어 '경계'보다 '하나 됨'을 먼저 생각하는 '우리됨(we-ness)'을 구현하는 것이 가장 중요하다는 사실을 잊어서는 안 된다.

중독된 관계, 이대로 좋은가?

나는 신학대학원에서 목회와 상담을 가르치고 훈련한다. 개인의 정신 건강과 영적인 건강의 문제를 상담할 때나 공동체의 성장과 일치를 추구할 때 늘 관계가 중요하다. 공동체 안에서 한 개인이 다른 사람들과 맺는 관계의 문제는 또한 경계의 문제이기도 하다.

어떤 공동체의 지도자가 맺고 있는 관계와 경계의 문제를 살펴보기로 하자. 쉰한 살의 K목사는 교인이 150명 정도 되는 미국의 한인교회의 담임 목사다. 지난 2년 동안 40대의 교인 가구 중 열 가구 정도가 교회를 떠나면서, 여러 가지 어려움을 겪었다. 많은 교인들은 K목사의 성실성을 문제 삼으면서, 그가 좀더 헌신적으로 목회에 전념해주기를 끊임없이 요구했다.

대부분의 교인들은 K목사가 교인들에게 다정다감하지 않아서 교회를 떠났다고 비판했다. 또 일부 교인들은 담임 목사가 건강을 위해 운동하는 것도 문제라고 꼬집으면서, 자신을 위해 쓰는 시간을 줄이고, 좀더 많은 시간을 교인들과 보내야 한다고 주장했다. K목사는 최선을 다해 교인들의 요구를 들어주려고 노력했다. 그의 머릿속에는 늘 교인들의 요구가 떠나지 않았다. "좀더 많은 시간을, 좀더 많은 대화를, 좀더 많은 관심을." 그의 가장 큰 목적은 교인들과 '좋은 관계'를 만드는 목회를 하는 것이었다.

그러던 어느 날 미국인 목회 상담사와 자신의 목회에 대해 이야기를 나눌 기회가 생겼다. 상담사는 K목사에게 목회를 하면서 가장 큰 보람이 무엇인지를 물었다. 그는 "주일 예배를 끝내고 사택으로 돌아와 조용히 클래식 음악을 듣는 것"이라고 대답했다. 상담사는 다시 한번 그가 알아들을 수 있도록 질문했다. 일상생활 중에 보람을 느끼는 일 말고 목회를 하면서 느끼는 보람은 무엇이냐고 물었다. 그는 "교인들이 교회 안에서 하나 되는 것을 보는 것"이라고 말하면서 아직 그런 날은 오지 않았다고 겸연쩍게 웃었다. 상담사는 이 두 가지 답변에서 묘한 연관성을 발견하고, 상담기관에서 함께 일하는 내게 자문해줄 것을 부탁했다.

자문한 내용은 두 가지로 요약할 수 있다. 상담사의 첫째 의문점은 "과연 이 목회자는 정신이 건강한가?"이고, 둘째는 그가 만나 본 한국인 목회자들은 "왜 한결같이 그런가?"이었다. 우선 그가 목사의 정신 건강을 의심한 이유는 교인들을 하나로 묶는 일에 너무 매달린다는 점이다. 절대로 이루어질 수 없는 완벽한 인간관계를 추구하는 지도자(목회자)의 끝은 어디인가? 교인들은 끊임없이 목회자를 벼랑 끝으로 내몰고 있다. 그럴수록 목회자는 좌절감을 느끼고 목회에 매여 있으나 기쁨이나 보람은 느끼지 못한다. 오히려 교인들이 없는 집에서 혼자 클래식 음악을 듣는 것을 더 좋아한다. 상담기관에서 만나는 한인 목회자들에게서 발견하는 공통점은 대부분이 '일중독자'이고, 그럼에도 늘 인간관계 때문에 생긴 교회 분쟁으로 어려움을 겪는 피해자 혹은 가해자라는 사실이다.

중독을 연구하는 연구자들이 여러 가지 유형의 중독을 언급하지만 주로 두 가지로 나눌 수 있다. 첫째는 알코올과 마약 같은 '물질'에 중독되는 경우와 둘째로는 섹스, 도박이나 인간관계와 같은 '과정(process)'에 중독되는 경우다. 미국 사회는 과정 중독 중 특히 인간관계에 중독되는 현상에 큰 관심을 보여왔다. 1980년대에 알코올 중독자의 자녀들에게 나타나는 정신장애를 가리키는 용어로 '동반의존증(co-dependence)'이라는 개념이 주목을 받기 시작한 이래, 이 개념은 다양하게 해석되어 일반인들에게도 널리 알려지기 시작했다.

앤 윌슨 샤프Ann Wilson Schaef는 이러한 다양한 해석을 할 수 있는 데 가장 많이 기여한 학자다. 샤프는 특히 이 개념을 '관계 중독(relationship addiction)'이란 별칭으로 요약해서 설명하면서, 어떻게 관계 중독의 영역이 개인의 영역을 넘어 단체나 기관 혹은 사회 전체로 퍼졌는지에 대한 통찰을 제시했다.10) 샤프는 관계 중독 증상의 하나로 '자기 학대(self-abuse)'를 들고 있다. 자기 학대는 모든 유형의 중독의 바탕에 자리 잡고 있는 심리적 기제이며 동시에 또 다른 하나의 중독이라고 본다. 특히 '자기 학대 중독(addiction to self-abuse)'은 신앙 공동체의 종교 지도자에게 영향을 줄 뿐만 아니라 그 공동체의 구조 자체에 깊이 침투한다는 것이다.11) 즉, 성직자가 헌신하면 할수록 교인들의 의존도는 점점 심해지고, 나중에는 이러한 의존도에 따라 움직이는 구조가 되고 만다는 것이다. 가족체계 이론가들이 조직을 움직이는 힘은 한 개인의 지도력이 아니라 의존도가 심한 구성원들이 만드는 삼각관계인 경우가 많다고 지적하는 것과 일치하는 현상이다. "체계마다 지배하는 사람은 바로 가장 의존적인 사람들이다."12) 그래서 가족체계이론에서는 지도자의 과잉 기능(overfunctioning)이 늘 구성원들의 의존성을 강화시키고 결국 기능 미달(underfunctioning)을 만들어낸다는 점을 강조한다. 가족체계 이론가들의 관점에서 볼 때, 좋은 성직자가 가장 많이 하는 오해는 자신의 과업이 '사람들을 기분 좋게 하는 것'이라고 생각하는 것이다. 이는 바로 '과잉 기능의 한 유형'이다.13)

또한 단체의 지도자가 탈진하는 가장 큰 이유도 타인과의 관계에 지나치게 매여 있기 때문이라고 생각한다. 처리할 업무가 너무 많아서가 아니라, 관계에 얽매일 때 사람들이 느끼는 감정에 대한 책임감 때문에 쓰러진다는 것이다. 이런 관점을 뒷받침하기 위해 동물 실험을 해서 얻은 임상 자료도 자주 제시한다. 원숭이는 제가 먹을 것을 위해 아무리 열심히 일을 시켜도 스트레스를 받지 않는 반면, 다른 원숭이의 먹을 것을 챙겨주게 하자 그 책임을 맡은 원숭이는 궤양에 걸렸다고 한다.14) 이렇듯 '관계'가 스트레스와 궤양을 만들어 내는 주범이라 한다면, 우리는 원숭이와 다를 것이 없다. 나는 이러한 설명도 너무 서구의 관점에서 관계를 본 것이라고 생각한다.

관계 중독으로 사회 조직이나 종교 공동체를 이해할 때 놓치는 점은 모든 관계를 행위의 과정으로만 볼 수 없다는 것이다. 개인주의 문화에서는 개인과 인간관계가 별개의 유기체로 존재한다. 그러한 문화 안에서 인간관계란 '행위'를 기초로 하는 과정이다. 인간관계는 인간이 만들고 조정할 수 있고, 바꿀 수 있고, 끝내고 없애 버릴 수도 있는 행위의 과정으로 존재한다. 앞서 설명한 '물'의 관계는 이러한 행위 과정으로 서로에게 '제한적인'(그래야 건강한) 영향력을 주면서 서로 '동일시'는 허용할 수 있다. 하지만 경계가 허물어져 자신과 타인을 분리하지 못하면 성숙하지 못하거나 동반의존증이나 관계중독이 될 수도 있다.

한국의 문화 상황을 이해하고, '피'의 관계라는 확대된 가족의식의 심리를 이해하는 것은 이러한 단일문화적인 병리학을 극복하는 데에 꼭 필요하다. 확대 가족성의 특성을 가지고 있는 한국 같은 집단주의 문화에서 관계는 행위의 과정으로 존재하는 것이 아니라, 한 개인의 존재 양식을 구성하는 요소로 존재한다. 관계는 '만드는' 것이 아니라 '함께 있는' 것이다. 우리의 정이라는 정서는 사람이 만드는 것이 아니라, 가족처럼 오랜 시간을 함께 보낼 때 생긴다. 정은 어떤 의도를 가지고 친절하게 대하거나 의무감으로 할 때는 생기지 않는다. 직장 상사와 정을 쌓으려면, 사무실을 벗어난 공간에서 함께 시간을 보내며 마음의 거리를 좁혀야 한다. 이렇게 시간을 함께 보내면서 생긴 정감 어린 관계는 오랜 가족 관계처럼 친밀해질 수 있다.

그러나 타인과 흉허물 없이 지내는 한국인들의 경계를 서양인의 기준으로 보면 한국인들은 관계 중독이 될 위험이 높은 것처럼 보인다. 백인은 날 때부터 노란 머리털을, 한국인은 검은 머리털을 타고 태어나듯이, 미국인은 언덕 위 '작은 오두막집'의 개인으로 태어나지만, 한국인은 일가친척이 옹기종기 모여 사는 마을에 있는 '커다란 한옥'의 개인으로 태어난다. 결국 서양의 관점에서 보면 "우리가 남이가?"의 우리됨(we-ness)에서 비롯된 모호한 경계와 관계는 문제가 있는 것처럼 보인다. 자신의 경계를 지키지 못하고, 관계에 의존하거나 중독되리라고 보기 때문이다. 하지만 이것은 인간관계를 '물'의 시각으로만 파악하려는 서양의 일방적인 관점일 뿐이다. 한국인의 '피'의 관계는 의존이나 중독을 피해야 하는 인간행위가 아니다. 이는 '관계적 자기'가 만들어내는 한국인의 존재양식이다.

영원히 지속되는 한국인의 관계

'물'의 관점에서 보면 '피'의 관계는 모호할 뿐 아니라, 너무나 질기다. 한국인의 관계는 행위의 과정으로 시작하고 쉽게 끝낼 수 없다. 또한 이 관계는 중요한 존재 방식이다. 그래서 관계가 끊어지는 방식도 아주 다르다. 예를 들어 미국 사람들은 가족이나 가까운 사람이 죽었을 때 빨리 슬픔을 이겨내고 일상으로 돌아가는 반면, 한국이나 동양 문화권에서는 장례가 끝난 뒤에도 오랫동안 죽은 사람을 추억한다. 한국 문화는 관계를 상실하는 경험도 정리해야 하는 것으로 보지 않고 그대로 안고 견디는 것으로 이해한다.

한국 사람들에게 관계는 죽어도 끝이 나지 않는다. 미국의 어느 마을에 가든지 공동묘지를 볼 수 있다. 심지어 도시 한복판에 묘지가 있는 경우도 많다. 그야말로 삶과 죽음이 자연스럽게 뒤섞여 있다. 반면에 우리나라 사람들에게 공동묘지는 아주 다른 공간이다. 우리나라 사람치고 한밤중에 묘지에 나타나는 귀신 이야기를 듣지 않고 자라난 사람은 없다. 이렇듯 우리에게 공동묘지는 아주 공포스러운 장소다. 공동묘지는 사람이 살지 않는 곳에 마련해 놓고 주로 명절이나 제삿날에만 찾아간다. 이처럼 한국 사람들은 삶의 공간과 죽음의 공간을 엄격하게 나눈다.

그렇다면 공동묘지가 마을 안에 있는 미국과 외딴 곳에 있는 한국을 비교했을 때, 어느 나라가 산 사람과 죽은 사람의 관계가 더 가깝다고 볼 수 있을까? 살아 있는 사람들이 사는 마을과 죽은 사람이 묻혀 있는 공동묘지의 물리적 거리를 가지고 논하자면, 당연히 마을 안에 공동묘지를 두고 사는 미국인들이 훨씬 죽은 사람과 밀접한 관계를 맺고 있다고 볼 수 있다. 하지만 살아 있는 사람과 죽은 사람 사이의 관계를 물리적 거리로 측정하는 것은 어리석다.

미국인들에게 공동묘지는 단순히 사체가 묻혀 있는 곳이다. 하지만 한국인들에게 공동묘지는 망자들의 유골이 묻혀 있는 곳 이상의 의미가 있다. 한국인들에게 묘지는 문자 그대로 망자들이 '살고 있는' 곳이다. 그리고 어떤 영혼은 묘지를 떠나지 않고 돌아다니며, 못된 귀신은 사람들을 해칠 수도 있다고 믿는다. 이처럼 살아 있는 사람과 죽은 사람의 '관계'는 결코 끊어지지 않는다.

인류학자들은 한국 문화에 있는 혼魂을 두 가지 유형으로 나눈다. 첫째 유형의 혼은 살아 있는 사람을 못살게 구는 악한 귀신이고, 둘째 혼은 후손을 돕는 선한 조상신이다. 이 두 가지 혼을 구별하는 근거는 '죽은 방식'과 연관이 있다.15) 예를 들면, 악한 혼은 주로 사고나 자살처럼 비극적으로 죽을 때나 객사客死인 경우에 나타난다. 이렇게 생겨난 귀신은 이승을 떠나지 못하고 떠돌아다니면서 이승 사람들에게 해를 입힌다. 이에 비해, 선한 혼은 주로 자연사해서 호상好喪인 경우이며, 대부분 집에서 죽은 경우가 많다. 선한 혼은 평화롭게 이승을 떠나지만, 조상신이 되어 이승에 남아 있는 가문을 보살피고 후손을 보호하는 수호신 역할을 한다. 귀신과 조상신은 내용이 아주 다르지만 모두 살아 있는 사람과 서로 연결되어 있다.

이러한 영혼관을 근거로 해서 한국과 동아시아에서는 조상 숭배의 정신과 의식이 발달했다. 이러한 점으로 볼 때, 한국인들에게 있어서의 산 사람과 죽은 사람의 사이(관계)를 물리적 거리로만 평가하면 둘 사이의 심층적 관계를 다 담아낼 수 없다. 사실 산 사람과 죽은 사람의 관계와 결속력은 아주 밀접하고 강하다.

또한 미국의 장례 절차는 하관 예배와 매장을 하는 것으로 끝난다. 하지만 한국의 전통 장례 절차는 매장하는 것으로 끝나지 않는다. 시신을 묘지에 안치한 뒤에 상주喪主와 유가족들이 혼백상자와 영정을 앞세우고 상여가 갔던 길을 되돌아 집으로 돌아오는데, 이를 반혼返魂이라고 한다. 집에서 기다리고 있던 유족들은 다시 슬프게 곡을 하며 맞이한다. 이제 혼백과 영정을 집에 차려 놓은 영좌靈座라고 하는 빈소에 모시고, 영좌 앞에서 상주와 일행은 다시 슬프게 곡을 한 뒤 문상객들이 조상弔喪을 한다. 혼백상자, 위패位牌(죽은 사람의 이름과 기일忌日을 적은 나무패), 영정을 모시는(현대에는 주로 영정만을 모시기도 함) 영좌는 삼일장이 끝난 뒤에도 계속 한다. 전통에 따르면 빈소에 설치한 영좌는 고인이 돌아가신 지 만 2년이 되는 날, 즉 대상大祥 이후에야 거둘 수 있다. 이때가 되어서야 유족들은 상복을 벗고 평상복으로 갈아입을 수 있다. 대상이 끝난 뒤 백 일이 지나고, 길제吉祭라는 의례를 지내면, 비로소 전통 장례 절차가 끝난다. 요즘에도 배우자가 사망한 뒤 2년 동안은 화려한 옷을 입지 않는다. 우리나라의 기독교인들이 해마다 기일에 추모 예배를 올리고 고인을 기리는 것도 전통 장례의 영향이라 할 수 있다.

한국에 처음 기독교가 소개되었을 때, 많은 선교사들이 영좌에 있는 촛불과 영정을 보고 미신을 믿는 종교행위라고 보았다. 당연히 우상을 숭배하는 것으로 여겨, 초기의 기독교 개종자들에게 제사를 올리지 못하게 했다. 하지만 이 같은 전통은 조상을 숭배하는 것이 아니라 추모하는 것이라고 보아야 한다. 한국인들의 '관계'는 결코 조상들과 분리될 수 없기 때문이다. 심지어 죽음도 가족의 유대관계를 끊어 놓을 수 없다. 선교사들이 종교만 오해한 것이 아니었다. 미국인들은 기독교인이건 아니건 상관없이 아무도 조상의 죽음을 기억하지 않는다. 죽은 사람을 추모하고 죽음을 기억하는 일은 이미 끝난 관계에 의존하거나 집착하는 것으로 여긴다. 그러므로 미국인 선교사들은 지나치게 질긴 한국인의 '관계'를 오해했고, 조상에 대한 예와 존중으로 보기보다는 미신으로 볼 수밖에 없었다. 미국인 정신과 의사가 보기에는 아마 한국 사람들은 조상에 대해 병적으로 집착하고 '의존성 인격 장애'를 안고 있는 것 같을 것이다.

한국 사회는 아주 큰 가족의 모습을 하고 있다. 이것이 한국 사람의 관계에 고스란히 반영되어 있다. 이러한 고유한 관계를 서구의 단일문화 관점으로 보면 심리적 경계나 정신 건강에 문제가 있는 것일 수 있다. 이것은 분명히 한계가 있다. 하지만 그렇다고 해서 한국인의 관계와 경계 그리고 정신 건강이 '보편성(etic)'을 갖는다고 볼 수는 없다.

그렇다면, 과연 한국인의 관계와 경계는 이대로 유지해도 좋은가? 경계를 강조하는 '물'의 관계와, 정과 가족주의 및 우리주의를 강조하는 '피'의 관계가 완전히 다른 것은 아니다. 확대된 가족의식을 중요하게 생각하는 한국에서 어떻게 경계를 설정할 것인가 하는 문제는 중요하다. 또한 관계를 통제하는 것을 중요하게 여기는 미국에서도 관계의 문제는 중요하다.16) 결국 극단적으로 보이는 두 관계는 불연속선상에 있는 대화 불가능한 것이 아니라, 하나의 연속선상에서 비교할 수 있다.17) 즉, 미국인이 중요하게 생각하는 경계와 한국인에게 중요한 관계는 둘 중에 한 가지를 선택하는 문제가 아니라, 대화할 수 있고 통합할 수 있는 방향을 모색해야 할 문제이다.

다음 장에서는 미국인이 목숨처럼 중요하게 생각하는 경계에 대한 이해가 우리에게 던져주는 암시들을 좀더 자세히 고찰해보자.

'경계'가 없으면 윤리도 없다?

왜 미국 사회에서는 그토록 개인의 자아 경계(ego boundary)를 중요하게 생각하고, 인간관계에 중독되는 것을 두려워할까? 그 이유 중 한 가지는 미국인들이 추구하는 '개인의 자율성'이라는 가치 때문이다. 하지만 그 배후에는 힘에 대한 미국인의 독특한 이해가 숨어있다. 렝 레로이 림Leng Leroy Lim은 미국의 힘은 늘 '구속적인 이원 구조'를 지닌다고 지적했다. 여기서 말하는 이원 구조는 "통제하든지, 통제당하든지"이다.18) 많은 미국인들은 이런 구조 속에서 살면서 스스로를 자율적이고 독립적으로 통제하지 않으면 결국 누군가에게 통제당할 수도 있다는 두려움을 갖고 있다.

미국인들이 경계에 목숨 거는 이유

미국인들은 누군가 자신의 경계를 침범하면 통제당하는 느낌을 갖는다. 그래서 법의 힘을 빌려서라도 통제하는 것이 마땅하다고 생각한다. 때로는 경계를 침범할 위험을 방지하는 예방 조처도 정당한 것으로 여긴다. 경계를 침범했을 때에는 '관계'보다 '통제'가 우선이다. 이와 같이 경계는 늘 자신의 권리와 세력을 지탱하고 구획하고 통제하는 기능을 한다. 그러나 지나치게 경계를 강조하다 보면 관계가 약해진다. 이제 개인과 개인 사이의 경계를 침범하는 것은 단순히 심리적인 문제가 아니라 윤리의 문제이다.

인간관계를 행위의 과정으로 보는 미국인들은 인간관계에서도 통제하지 않으면 통제당한다고 생각한다. 구성원들과 맺은 관계를 유지할 수 있도록 '하나됨'을 위해 끊임없이 노력하는 것은 오히려 자아 통제감, 즉 자율성을 잃는 것으로 이해한다. 따라서 '효'라는 끈으로 묶인 한국의 가족 관계를 마치 관계에 중독된 건강하지 못한 심리 상태로 규정할 수도 있다. 그리고 서로의 경계가 모호해진 나머지 서로가 경계를 침범하는 것으로 파악할 수도 있다.

아이들을 체벌하는 경우를 예로 들어보자. 한국 부모는 자녀들을 훈육하기 위해 체벌이 필요하다고 생각한다. 하지만 미국에서 아이를 체벌하는 것은 아동학대로 간주한다. 앞서 이야기한 대로 미국에서 체벌은 하는 사람은 물론이요, 체벌

사실을 처음 발견한 교사나 의사가 정해진 시간 안에 당국에 신고하지 않으면 자격증을 박탈당한다. 미국에 사는 동안 아이를 때린 한국인 부모들이 법정에 서고, 정신과 의사에게 진단 받고 상담과 재활 교육까지 받는 경우를 여러 번 보았다. 또다시 부모가 아이를 때리지 못하도록 일정 기간 부모와 아이를 떼어 놓는 경우도 있다. 한국의 부모 자식 관계가 미국인들과 문화적으로 다르다고 주장해도 소용이 없다. 아예 이러한 관계 자체를 인정하지 않는 듯했다.

미국에서 상담기관 일을 할 때의 일이다. 동료인 가족치료사는 이민 1세인 한국 시어머니와 미국에서 태어난 한국인 며느리 사이에 갈등이 있어 상담 의뢰를 받았다. 그는 자신이 미국 사람이라 한국 문화에 대해 잘 모르기 때문에 내게 조언을 부탁했다. 나는 동료에게 한국 문화에 익숙한 시어머니와 미국 문화에 익숙한 며느리가 문화 차이 때문에 충돌할 수 있다고 조언해주었다. 먼저 시어머니와 며느리 사이의 문제는 자녀 교육과 관련된 경계 침범 때문에 생겼다. 이 가정에는 여섯 살 된 남자아이가 있는데, 시어머니와 며느리는 아이를 키우는 방식이 달라 늘 대립했다. 게다가 아이가 점점 못된 행동을 하자 시어머니는 며느리가 아이를 잘못 가르쳤다고 비난했다. 또한 가족들도 모두 시어머니 편을 들면서 엄마가 할머니에게 대드는 모습을 보고 아이가 자랐기 때문에 버릇없이 멋대로 행동하는 것이라고 몰아붙였다.

그런데 가족치료사는 가족들을 상담하면서 깜짝 놀랐다. 왜냐하면 모든 가족들이 아이를 양육하는 문제 때문에 갈등하면서도 정작 여섯 살 된 아이가 무엇을 원하는지에 대해서는 별로 관심이 없었다. 여러 차례 상담을 한 뒤 가족치료사는 이 가족의 문제를 진단했다. 먼저 이 가족은 개인의 경계가 모호해서 며느리와 시어머니는 서로의 경계를 함부로 침범하고 있었다. 또한 존중 받아야 할 아이의 경계가 완전히 사라져 아이는 마치 로봇처럼 생활하고 있는데도 가족들은 이러한 사실을 인식하지 못하고 있었다.

가족치료사가 보기에 한국인이 강조하는 전통적인 '효'의 관계는 너무 일방적으로 보였다. 그는 시어머니가 며느리와 손자에게 강조하는 효성이라고 포장된 '고분고분한' 관계는 타인의 경계를 침범해도 되는 면죄부 같다고 여겼다. 그런데 만약 며느리와 손자가 시어머니에게 고분고분하게 대하면 진정으로 효도를 하는 것일까? 가족치료사는 이런 관계를 회복하기 위해 상담하는 것은 아니라고 생각했다. 오히려 가족 개인 사이에 건강한 '경계'를 갖기 위해 윗사람에게 무조건 순종하고 효도하는 것은 병리적 관계이므로 정리해야 한다고 결론 내렸다. 가족치료사는 이런 결론을 내렸지만, 내가 보기에 한국 사람의 경계와 관계가 대치된다는 생각, 즉 개인의 경계를 확보하려면 관계를 정리해야 한다는 결론이 결코 바람직하지는 않다는 생각이 들었다.

서양의 관점으로 보면 한국인의 가족은 알코올이나 마약에 중독되듯 관계에 중독된 것처럼 보일 수도 있다. 그렇다면 알코올이나 마약 중독을 치료하기 위해 중독 물질을 끊는 것처럼 한국인의 가족 관계도 끊을 수 있는 것일까? 실제로 경계가 완전히 무너져 동반의존증을 가지고 있는 사람들이 '관계 절단'을 할 수 있다고 결론 내릴 수 있을까?

한국인에게도 경계가 중요한 이유

한국인에게 관계와 경계는 어느 하나를 선택해야 하는 대립 개념이 아니라, 서로 보완해주는 개념이다. 서양의 자기 해석으로 보면 경계를 침범하는 사례는 항상 힘의 균형이 깨졌을 때 생기는 동세의 문제다. 외부적 경계, 즉 타인의 육체적 경계와 성적인 경계에 관한 문제가 늘 윤리적 감수성을 촉발하듯이, 서양인들이 강조하는 심리적 경계도 윤리적 문제와 연관되어 있다.

한편 서양 사람들이 오해할 만한 한국인들의 경계 침범 사례를 살펴보자. 교회라는 공동체에서 목사의 경계는 영적인 역할과 권위로 이루어진다. 예전에 내가 어느 교회에 목사로 있을 때 경험한 일이다. 어느 날 예배를 보러온 신도들이 모두 예쁜 이름표를 달고 있었다. 물론 나도 내 이름이 적힌 이름표를 달았다. 그런데 짓궂은 신도들이 자신들의 이름표에는 이름만 적혀 있는데, 왜 내 이름표에는 이름 뒤에 '목사님'이라고 써 있느냐고 농담을 했다. 아마도 이름표를 만들면서 평신도처럼 이름만 쓰면 왠지 목사의 권위가 없어 보일까 봐 그렇게 만든 것 같았다. 아무것도 아닌 이름표에서도 성직자와 평신도 사이의 경계를 의식한 것이다.

때때로 목사들은 스스로 경계를 만들기도 한다. 가장 흔한 예를 들면, 목사들이 예배 가운을 입거나 클러지 칼라(성직자가 목에 두르는 하얀 깃)를 다는 경우이다. 클러지 칼라의 하얀 날은 '칼'을 상징한다. 영화에 나오는 영국의 성직자나 법관이 목에 두르는 칼라는 갈지자(之)로 생겼는데, 이것은 무시무시하게도 '가위'를 상징한다. 성직자들이 칼과 가위를 상징하는 하얀 깃을 목에 두르는 이유는 신도들을 만나고 예배를 인도하는 동안 생활인인 자신을 잊는다는 의미를 드러내기 위해서다. 다시 말해, 본래의 일상적인 자기에서 성사聖事를 집행하는 의례적인 자기(liturgical self)로 거듭나는 것을 뜻한다. 따라서 엄밀히 말하면 성직자와 교인 사이에 구별이 생기는 것이 아니라, 자신과 자신 사이에 생긴다.

나는 병원 원목으로 일할 때나 위급한 환자를 방문할 때도 클러지 칼라를 했다. 이런 옷차림을 하고 있으면 일일이 신분을 밝히지 않고도 빠르게 수술실과 응급실을 드나들 수 있다. 이러한 경우가 아니면 클러지 칼라를 두르지 않았다.

만약 슈퍼마켓에 갈 때 클러지 칼라를 하고 가면 어떨까? 또 돌잔치에 초대 받아 갈 때나 자녀의 학교 선생님을 만나러 갈 때 이런 옷을 입는다면? 이렇게 되면 목사로서 나 자신과 평범한 생활인으로서 내 역할이 혼란스러워질 것이다. 선생님에게 나는 그저 학부모일 뿐이지 목사가 아니다. 만약 성직자가 일상생활에서도 성직자의 역할을 해야 한다고 가정해보자. 그렇다면 목사는 슈퍼마켓을 갈 때 반바지를 입고 가서는 안 된다. 친구 아들의 돌잔치에 가서도, "야, 국화빵이네" 같은 농담 대신 "형제여, 이 아이는 하느님의 은총 안에서 자네와 꼭 닮게 태어났군"이라고 해야 한다. 그리고 자녀의 선생님과 면담이 끝나면 "함께 기도하시겠습니다"라고 점잖게 말해야 할 것이다.

미국 목사들 중에는 저녁 식사 시간에 전화코드를 뽑아 놓는 사람이 많다. 만약 우리나라에서 목사가 이렇게 하면 못된 목사라고 비난받을 것이다. 우리나라 목사는 24시간 내내 목사의 본분을 잊으면 안 된다. 평범한 생활인으로서 목사의 경계는 이처럼 쉽게 침범 당한다.

한편 평신도들만 성직자의 경계를 침범하는 것은 아니다. 성직자 자신이 영적인 역할과 권위를 원래 목적 밖의 영역에서 사용할 때 성직자 역시 평신도들의 경계를 쉽게 침범할 수 있다. 어떤 목사가 설교를 하다가 "요즘 우리 교회 안에 좋지 않은 말을 하고 다니는 사람이 있어요"라고 말하면, 실제로 그런 말을 한 사람을 비롯해서 모든 교인들은 그저 듣고만 있어야 한다. 설교는 원래 신의 뜻을 대언代言하는 성직자들만의 영적인 사역이다. 이 때문에 교인들은 설교 중에 어떤 질문도 할 수 없고 사족도 달 수 없다. 설교가 신의 말씀의 대언이라는 영적인 역할이 아니라, 성직자의 개인적인 목적을 취하는 데 사용되어도 교인들은 방어할 수 없다. 이렇듯 목사는 교인들의 경계를 쉽게 침범한다.

또한 목회 밖에서 목사와 교인의 역할이 전도될 때에 자주 어려운 상황이 생긴다. 어느 교회의 담임 목사가 자기 교인인 변호사를 찾아가서 사건을 의뢰했다고 가정해보자. 목사는 변호사 사무실에서는 목사가 아니다. 목사는 변호사의 도움을 받기 위해 찾아간 의뢰인이다. 그런데 과연 목사가 자신의 권위를 내려놓을 수 있을까? 또한 변호사는 목사를 일반 의뢰인과 똑같이 대우할 수 있을까? 또 소송을 시작하면 결과는 이기거나 지거나 두 가지 중에 하나다. 소송 결과에 따라 목사와 변호사의 관계는 어떻게 변화할까? 목사의 이중 역할(목사이며 의뢰인)은 은연중에 교인의 권위와 역할을 침범하게 된다. 변호사 교인은 자신의 목사인 의뢰인에게 변호사의 역할을 제대로 수행하지 못할 수밖에 없다. 뒤에 그가 교인의 역할을 하는 데 어려움을 겪게 되기 때문이다.

전문인 윤리와 경계 문제

이와 같이 경계와 관련된 윤리적 측면은 권위의 편차가 심하게 나타나는 전문인과 의뢰인 사이에서 가장 두드러진다. 예를 들어, 의사나 환자 혹은 정신 건강 전문인과 상담 받으러 오는 사람(내담자) 사이에는 이미 힘의 균형이 맞지 않기 때문에 예민한 윤리 문제가 생긴다. 서양에서는 전문인이 권위를 남용해서 환자나 내담자의 경계를 침범하는 경우를 아주 진지하게 다루어왔다. 전문인 윤리(professional ethics)의 관점에서, 전문인의 역할과 권위가 만들어 내는 의뢰인(환자 혹은 내담자)과의 경계 사이에 생기는 모든 문제점들을 '경계 문제(boundary issues)'라고 부른다. 나는 이것이 한국 사람들이 서양 사람들에게 배워야 할 경계 개념이라고 본다.

이러한 경계 문제는 우리에게도 결코 낯설지 않다. 왜냐하면, 이 문제는 윤리적 척도일 뿐 아니라 때때로 법적인 규제와 처벌이 뒤따르는 범죄 행위로 불거지기 때문이다. 전문인이 성 추문 사건에 연루되어 신문에 오르내리는 경우를 극단적인 경계 침해 사례라고 할 수 있다. 하지만 이렇게 드러나는 사례만 있는 것은 아니다. 의뢰인의 내직 경계를 침해하는 삭은 사례들도 있다. 예를 들면 상담자나 심리치료사가 내담자와 한 약속을 깨는 것, 즉 상담한 내용을 철저하게 비밀로 해야 하는데 내용을 퍼뜨리는 경우다. 비밀보장은 의뢰인이 비밀을 지켜줄 것을 당부하지 않아도 이미 원칙으로 전제되어 있는 약속이다. 처음부터 의뢰인은 전문가를 완전히 믿고 자신을 맡긴다. 의사에게 몸을 내보이는 환자는 의사가 아픈 곳을 잘 치료하는 전문 행위를 할 것을 온전히 믿는다.

무엇보다 전문인은 의뢰인(환자)이 안전하다고 느낄 수 있도록 해야 한다. 사실 전문인이 하는 행위는 의뢰인보다 권위와 역할이 강력하기 때문에 의뢰인은 무방비 상태로 노출되어 있다. 예를 들면, 남자 산부인과 의사에게 진찰을 받는 여성 환자는 그가 남자이지만 의사라는 권위를 믿고 자신의 몸을 맡긴다. 의사만이 할 수 있는 '진찰' 행위를 무조건 믿는다. 의사는 환자가 모르는 전문 지식을 갖고 있기 때문이다.

이와 마찬가지로 상담자가 상담을 의뢰한 사람에게 하는 질문이 꼭 필요한 질문인지, 아니면 다른 뜻으로 하는 질문인지 알 길이 없다. 예를 들어 성 상담을 할 때 상담자가 하는 질문들이 상담인지 모욕인지 경계가 모호할 수도 있다. 상담 받으러 온 사람이 상담실을 나서면서, 제대로 상담을 받은 것이 아니라 어쩐지 상담자가 자신의 성생활에 대해 필요 없는 질문을 하고 대답을 요구한 것 같은 느낌이 들어도 실제로 그랬는지 아닌지 확실하게 확인하기 어렵다. 그 경계는 늘 전문가가 전문 행위 안에서 규정하고 관리한다.

그러므로 전문가가 하는 행위의 목적과 의뢰인 사이의 경계는 항상 윤리적인 상관관계가 있다. 다시 말해, 경계는 전문인이 행위를 할 때 할 것과 하지 말아야 할 것에 대한 윤리 범위를 규정한다. 또한 경계는 의뢰인이 요구하는 전문 행위만을 전문가가 하도록 범위를 정해준다. 의뢰인은 마땅히 안전하게 보호받아야 한다. 만약 전문가가 이러한 경계를 침범해서 의뢰인이 요구한 전문 행위의 목적을 벗어나는 경우, 경계는 윤리를 어기게 된다.

그렇다면, 사람들이 전문가에게 기대하는 것은 무엇일까? 물론 전문 직종에 따라 기대하는 내용은 아주 다양하다. 그러나 경계 문제와 연관해보면, 사람들은 자신들과 전문가 사이에 전문 행위를 믿고 맡기는 관계(신탁관계)가 맺어졌음을 전문가가 기억하길 바란다. 그 관계는 이미 처음 관계를 맺을 때부터 윤리적 구조를 가지고 있다. 사람들이 전문가의 권위나 역할을 아무 의심 없이 믿는 이유, 즉 '전문가는 사람들의 필요와 목적을 위해서만 행한다'는 전제를 전문가 자신이 이미 알고 있기 때문이다. 결국 전문 행위의 목적이란 전문적인 도움을 받기 위해 찾아온 사람들에게 필요한 도움을 주기 위해 전문 지식을 이용하는 행위이다. 이것이 거꾸로 되면 전문가가 의뢰인이 요구를 충족하게 해주려고 하는 것이 아니라, 오히려 의뢰인이 전문가가 필요한 것을 충족하게 해준다. 이것을 전문직 윤리에서 '역할이 뒤바뀐' 경계 침해라고 본다. 가장 극단적인 예는 전문가가 의뢰인의 성性을 유린하는 경우다. 하지만 더 중요한 것은 예리한 통찰이 없으면 볼 수 없는 내재적인 경계 침해 행위이다. 한국 사람들은 경계 문제에 대해 경각심을 갖기 위해 이 개념을 이해해야 한다.

한 성당에 신부가 부임해 왔다. 이 신부는 유쾌하고 호탕한 성격이라 많은 사람들로부터 존경을 받으면서 사목활동을 했다. 신도 중에는 그의 행정 업무를 돕는 젊은 여자 사무직원이 있었다. 이 신부는 이 여직원을 볼 때마다 여직원의 옷매무새에 대해 칭찬을 아끼지 않았다. 특히 빨간색 옷이 유난히 잘 어울린다는 말을 여러 차례 했다. 빨간 옷을 입을 때마다 본인은 물론 주위의 다른 사람에게도 그 사무직원의 감각에 대한 칭찬을 연발했다.

그러다보니 언제부터인가 이 사무직원은 빨간색이 아닌 옷을 입을 때는 부담감이 느껴지고, 자신도 모르게 신부가 좋아하는 빨간 옷들을 골라 입게 되었다. 몇 해가 흐르고 나서 신부는 다른 성당으로 발령을 받아 봉직하던 성당을 떠나게 되었다. 그때 사무직원은 왠지 모를 안도감을 느꼈다. 그동안 자신이 빨간색 옷을 입으려고 노력했던 일련의 일들이 신부의 요청 때문은 분명 아니었지만, 그럼에도 홀가분했다.

전문직 윤리를 연구하는 서양의 윤리학자들은 이 신부의 행동은 '역할이 뒤바뀐' 경계 침해라고 본다. 신부는 부임한 성당에 소속된 모든 신자들의 영적인 필요와 목적에 부합한 행동을 하기 위한 전문인으로 부름 받았다. 하지만 신부는 자신도 모르는 사이에 한 신자가 신부 자신의 필요를 충족시키기 위해 행동하도록 주문하는 일을 하게 된 것이다. 물론 빨간 옷을 꼭 입어 달라고 부탁한 적도 없고, 이 사무직원과 바람직하지 않은 비윤리적인 관계를 가진 적은 더더욱 없다. 성윤리에 어긋나는 일을 전혀 하지 않았음에도 불구하고, 전문직 윤리의 관점에서는 이 신부가 경계 침해라는 비윤리적인 전문행위를 한 꼴이 되고 말았다.

많은 사람으로 북적거리는 종합병원에서도 엄청난 경계 침해가 일어날 수 있다. 의료인은 환자를 위해 전문 지식을 바르게 쓸 것을 약속하고, 절대적으로 믿고 맡기는 관계로 환자를 만나야 한다. 서양의 윤리학자들은 환자가 의사의 눈치를 보는 상황이 생기면, 이것을 의사가 자신도 모르게 저지른 '비윤리적인' 경계 침해로 본다.

예전에 아내가 허리가 아파서 아주 유명한 전문의가 진료하는 병원에 미리 예약을 해두고 찾아간 적이 있다. 주변 사람들은 디스크일지 모른다고 걱정했다. 하지만 병원에는 환자가 너무 많아 예약한 시간이 한참 지났는데도 좀처럼 차례가 돌아오지 않았다. 아내는 아무런 조치도 못 받고 힘겹게 고통을 참고 있었다. 나중에는 더는 기다릴 수가 없어서 간호사에게 얼마나 더 기다려야 되느냐고 따졌다. 간호사는 퉁명스럽게 환자가 많아서 어쩔 수 없다고 대답했다. 하는 수 없이 차례 돌아오기를 기다리면서 의사를 만나면 예약한 시간에 진료를 못 받은 것에 대해 단단히 따지려고 마음먹었다. "당신 시간만 중요한 줄 아시오? 나도 당신처럼 일 분이 아까운 전문가요"라고 말이다. 아내는 고통스러워하면서도 내가 의사의 심기를 건드릴까 봐 오히려 나를 진정시키려고 애썼다.

마침내 차례가 돌아와 진찰실에 들어갔다. 의사의 얼굴은 많은 환자를 보느라 지쳐 보였다. 의사는 아내가 자리에 앉자 자신감이 넘치는 목소리로 증상에 대해 빠르게 질문했다. 나는 어느새 조금 전까지 예약한 시간에 진료를 받지 못한 것을 항의하려고 했던 생각을 까맣게 잊고, 의사가 하는 말을 한마디라도 놓칠 새라 귀를 기울이면서 연신 고개를 끄덕거리고 있었다. "이렇게 바쁘신데 참 고생이 많으시네요. 잘 좀 부탁드립니다"라는 말이 나도 모르게 입에서 새어 나왔다. 결국 아내와 나는 의사의 눈치를 살피면서 짧은 진료를 받고도 깍듯이 감사 인사를 한 뒤 진료실을 나왔다. 짧은 진료 시간이었지만, 의사가 우리가 요구한 것을 수행했다는 생각보다 오히려 우리가 의사의 기분을 맞추기 위해(과중한 진료에 혹시라도 짜증이라도 나실까봐) 오해를 살 만한 말을 자제했던 것이 못내 마음에 걸렸다.

서구의 윤리학자들은 이를 명백한 '역할이 뒤바뀐' 경계 침해 행위라고 본다. 의사가 환자에게 해를 끼치지 않았지만, 전문인의 윤리 관점에서는 의뢰인(환자)의 필요보다는 전문인의 필요가 먼저였다는 사실 하나만으로 의사는 비윤리적 행위를 한 것이 되고 만다. 환자의 필요보다 하루에 몇 명을 진료해야 겠다는 의사의 필요를 앞세우는 것은 환자에게 필요한 치료에만 집중하겠다는 환자와 맺은 약속을 어기는 꼴이 되는 것이다. 이러한 윤리적 감수성은 눈에 보이지 않는 경계에 대해 민감한 서구적 인식 때문에 가능하다. 풍부한 전문 지식은 전문가의 보호막이다. 따라서 전문가는 마음먹기에 따라 자신의 이익을 위해 전문 행위를 얼마든지 할 수 있다. 바로 이러한 사실을 깊이 인식하는 것이 전문인의 윤리 강령으로서의 경계 문제이다.

그러므로 동서양을 막론하고 전문인에게 경계의 문제는 바로 윤리 인식의 문제이다. 전문인의 경계 문제와 연관해, 마릴린 피터슨Marilyn R. Peterson은 다음과 같이 경계의 기능을 요약했다. "경계는 전문인과 의뢰인 사이의 관계에서 권위의 편차를 통제함으로써 양자 사이에 존재해야만 하는 공간을 보호하는 기능을 한다. 이 경계는 전문인이 필요해서가 아니라, 바로 의뢰인이 필요해서 하나의 안전한 연결을 제공하는 것이다."19)
전문인들이 전문 행위를 시작할 때 명심해서 실천하도록 제시
하는 전문인 윤리 강령은 사실 그 기능을 보면, 바로 이 경계
를 통해 의뢰인과 안전하게 연결된 관계를 유지할 수 있도록
한다. 그러므로 이 '경계 유지(boundary maintenance)'는 전문인이
행사하는 절대적인 권위에 가려진, 제한된 힘을 가진 의뢰인
을 보호하는 윤리적 절차이다.

그러나 전문인과 의뢰인의 관계에서 경계의 문제는 늘 모
호하다. 양자의 경계가 의뢰인의 필요를 근거로 한 안전한 연
결을 제공하는 한계선이라는 점이 제시되기는 하지만 양자의
관계에서 무엇이 얼마만큼 안전감을 제공할 것인지에 대한 명
확한 기준을 제시하기는 어렵다. 이러한 모호성 가운데 가장
자주 일어나는 일은 안전감을 위협받을 때 의뢰인이 느끼는
불편함이다. 전문 행위가 제공되는 순간에도 의뢰인은 이러한
불편함을 느낄 수 있다. 예를 들면, 치료가 아닌 신체 접촉인
것 같은 느낌이 드는 순간 환자는 불편함을 느끼고, 혹은 상담
자가 지나치게 흥분하면 내담자가 당황하면서 불편함을 느끼
기도 한다. 이 불편함은 의뢰인의 처지에서 볼 때, 안전감을
주어야 할 경계가 어느 정도 침해되고 있는 초기 증상쯤으로
해석할 수 있다.

그러나 불편함이 쌓여도 전문인과 의뢰인 관계는 계속 지
속되는 경우가 많다. 의뢰인의 처지에서 확인할 길이 없고, 전
문인이 가지고 있는 권위 때문에 차마 경계 문제를 문제 삼을

용기를 내지 못한다. 의뢰인이 믿고 의지하는, 전문인이 가지고 있는 권위와 역할이 믿을 수 없는 지경이 되어도 여전히 큰 산처럼 버티고 있다. 괜히 문제를 삼았다가 더 낭패를 볼지도 모르기 때문에 겁이 나기 마련이다.

때로 경계 문제가 사후에 수습하기 버거울 정도로 심각한 윤리 문제가 되는 이유는 경계를 침범당해도 그 고통의 파장이 계속 쌓이면서 문제를 키워가기 때문이다. 결국 극단적인 해악이 나타날 때까지 경계를 침해하는 사례를 인식하지 못하는 경우가 많다. 경계 문제에서 무시할 수 없는 한 가지 문제는 전문인이나 의뢰인 모두 언제 어떻게 그들의 경계의 둑이 무너졌는지 알지 못하고, 양자의 역할이 합류하고 범람하는 경우가 적지 않다는 것이다. 예를 들어 전문 행위를 수행하는 남성 상담자가 여성 내담자의 성적인 경계를 침범하는 경우에, 상담자는 여성의 '필요'에 따라 성 접촉까지 하게 되었다고 믿는다. 의뢰인 또한 자신이 필요한 부분을 충족해준 상담자의 행위를 전문 행위와 구별하지 못하는 사례가 많다. 경계 문제는 심도 있는 윤리적 성찰이 필요한 문제임에 틀림없다.

관계와 경계의 변증법

만약 한국인들의 관계가 경계와 대치된 반대 개념이라고 생각한다면, 우리는 훨씬 쉽게 타인의 경계를 침범할지도 모른다. 아버지와의 관계가 더 중요하기 때문에 아버지가 침범한 자식의 경계는 눈감아주려고 할 수도 있다는 말이다. 극단적으로 친족이 성폭력을 저지를 경우, 경계에 민감한 미국인들은 친족을 관계 기관에 신고하는 것을 두려워하지 않는다. 하지만 우리나라에서 친부가 아무리 극단적인 경계 침해를 했다고 해도 아버지를 신고하기는 쉽지 않다. 아버지와의 절대적인 관계는 모든 경계 침해를 받아들이게 한다. 아버지 같은 상사나 성직자와 관계를 맺는 부하직원이나 신도들도 이와 비슷한 경계 침해를 경험할 수 있다. 직장 내 성희롱이 일어나는 배경도 이러한 '관계'에 눌려 '경계'는 상대적으로 무시할 수밖에 없는 '힘의 편차'가 도사리고 있다. 정말 용기가 있어 자신의 경계를 침범한 사람과의 관계를 완전히 끊을 결심을 한 (때때로 자신의 목숨을 건) 사람이 아니면 이러한 경계 침해 사례를 세상에 공개할 수 있는 사람은 많지 않다.

　관계와 경계를 반대 개념으로 이해하는 서구인의 관점에서 한국인들이 서구인들보다 더 많은 경계 침해를 당할 수 있다. 힘의 편차 때문에 생기는 경계 침해는 동서양을 막론하고 일어날 수 있다. 물론 동서양 가정 안에서 벌어지는 아동 학대나 조직 안에서 성희롱이 일어나는 빈도수에 차이가 날 수 있다는 점에 대해서는 더 세밀하게 연구할 필요가 있다.

　하지만 우리나라에서는 경계 침해가 표면 아래 숨어 있다는 사실을 지나쳐서는 안 된다. '관계'를 중요하게 여기는 사회일수록 병적인 관계마저도 쉽게 포기할 수 없도록 하는 문화가 있다. "그래도 부모인데" 혹은 "저 인간 내가 안 보고 살

수도 없고" 같은 식의 관계가 바로 그렇다.

실제 있었던 예를 통해 이 문제를 되짚어보자.

앞서 언급한 미국의 아동학대 신고제도는 '관계'보다 '경계'를 중요하게 여기는 윤리에 대한 미국의 민감한 태도를 가장 잘 드러내 주는 제도일 것이다. 나는 미국에서 '나의 교인이 자녀에게 폭력을 행사할 경우에 어떻게 그를 신고할 수 있을까?'의 문제를 두고 오랜 시간 고민한 바 있다. 그러던 중 나와 같은 딜레마를 경험한 한 목사의 실제 사례를 접하게 되었다.

한 미국인 목사의 이야기이다. 어느 날 목사에게 고등학생 교인이 찾아왔다. 이 여학생은 그 교회에서 가장 활발하게 일하는 평신도 지도자의 자녀였다. 목사는 교회생활에 열심히 참여하던 이 여학생이 어느 때부터인가 점점 의기소침한 모습을 보이는 것을 의아하게 여겨 한번 찾아오라고 했던 터였다. 뭔가 중요한 이야기를 할 것 같은 태세로 찾아온 여학생은 좀처럼 입을 열지 못했다. 목사는 인내심을 갖고 여학생을 안심시켰다. 어떠한 이야기라도 해보라고 했으나 쉽게 말을 열지 않았다. 뭔가 심상치 않은 기운을 느낀 목사에게 여학생은 어떠한 경우에라도 비밀을 보장할 수 있겠느냐고 물었다. 철저한 비밀 보장을 약속하고 들은 이야기는 그냥 둘만의 문제로 담아둘 수 없는 충격적인 내용이었다.

여학생은 자신의 아버지가 오래전부터 자신의 성기를 만지는 등의 성추행을 해온 사실을 털어놓았다. 아동학대 신고의

무에 대해 잘 알고 있던 목사의 머리는 실로 엄청나게 복잡해졌다. 일단 아버지에게 알려지면 자신은 죽은 목숨이라고 단정하는 여학생에게 약속한 비밀 보장을 파기하는 게 최우선이었다. 전문인의 신고의무제도는 비밀 보장의 원칙을 깨고서라도 의뢰인의 안전을 최우선시 하는 윤리적인 배려이기 때문이다. 그러나 과연 교회의 가장 충성스러운 평신도 지도자를 당국에 신고할 수 있을까? 또한 신고 이후 그 가족과 교회, 그리고 마을 전체에 미칠 영향 등도 고민거리였다. 만약 이 목사가 한국인이었다면 어떻게 했을까? 평신도 지도자와의 '관계'가 먼저 머리에 떠오르고, 신고한다는 것은 엄두조차 못 낼지도 모른다. 그리고 여학생과 아버지와의 '관계'에 강제적으로 개입해서라도 여학생의 '경계'를 보호해야 한다는 생각을 하기도 쉽지 않을 것이다.

실제 사례에서 미국인 목사는 차분하게 이 여학생을 설득하기 시작했다. 우선 아버지가 딸에게 침범해서는 안 될 경계를 침범했음을 명확하게 인식시키고, 아버지가 더 이상 경계 침범을 하지 않도록 조처를 강구해야 함도 설명했다. 아버지와 이렇게 비정상적인 '관계'를 유지하면서 상처를 키워가는 것은 아무런 변화를 일으킬 수 없고, 아버지에게는 전문적인 도움이 필요함을 설명했다. 여학생은 비밀 보장은커녕 문제를 표면화시키려는 목사의 의도에 겁에 질릴 수밖에 없었다. 그러나 목사는 여학생에게 자신이 끝까지 그녀의 가정을 위해 목회적으로 돌보아 줄 것을 약속하고, 결국 현재 여학생 자신과 아버지, 그리고 가족 전체를 위한 최선의 선택은 아버지가 전문 치료를 받는 일임을 설득하기에 이르렀다. 설득 끝에 여학생은 목사의 사무실에서 전화로 당국에 아버지를 신고했다.

아마도 한국적인 상황에서 이런 일을 목사가 했다면, 그는 정말 '미친' 목사로 취급받을지도 모른다. 남의 가정을 부수는 일에 목사가 발 벗고 나섰으니 말이다. 아니면 신고의무에 급급한 나머지 교인들을 보호할 책임을 외면하는 비윤리적인 목회자로 여겨질 수도 있다. 대부분의 한국 성직자의 경우에는 중요한 평신도 지도자인 교인과의 기존 '관계'에 더 많은 관심을 집중하기 때문에, 가정에서 일어나는 경계 문제에 민감하게 개입할 용기를 내기 어렵다.

그렇다면 신고 뒤에 목사와 그 가정과 교회에는 어떠한 일이 일어났을까? 목사가 여학생을 설득해 신고를 했다는 사실은 실로 여학생의 아버지와 가족 전체에게 큰 충격이었다. 목사와 가장 친밀한 평신도 지도자였던 여학생의 아버지는 목사를 저주하면서 법적 투쟁을 불사하겠다고 엄포를 놓았다. 두 사람 사이의 좋았던 '관계'는 결국 끝이 나는 듯했다. 우여곡절 끝에 그 교인은 결국 당국에서 조사를 받기 시작했다.

이때 목사는 의뢰인의 필요를 충족하기 위해 최선을 다하는, 실로 가장 윤리적인 전문가의 면모를 보여주었다. 그는 여학생의 어머니를 만나 남편이 치료를 받고 완전히 가정으로 복귀하고 모든 것이 회복될 때까지 자신은 이 가정을 위해 최선의 관심과 노력을 다하겠다는 약속을 했다. 그리고 모든 교회공동체에 알려 함께 기도하고 힘을 모을 수 있도록 허락을 구했다. 여학생과 그녀의 어머니는 수치심 때문에 극구 반대했지만, 결국 목사의 진실한 요구를 받아들였다. 재활기관에서 전문적인 심리치료를 받는 여학생의 아버지를 위해 교회와 목사가 한 마음으로 기도하기 시작했고, 그 가정을 지원하는 목회는 계속되었다. 이러한 와중에 교회에는 놀라운 일이 일어났다. 교회 내에 비슷한 가정폭력을 경험한 자녀들이 스스로 자신의 문제를 드러내고 온 가정이 치유를 위해 전문적인 도움과 치료를 받게 되는 일이 일어난 것이다. 결국 여학생의 아버지는 재활치료 및 심리치료를 받고 3년 만에 가정으로 돌아왔다. 목사를 비롯한 교회 공동체는 한결같은 마음으로 환영했고, 그 가정은 다시 온전한 모습으로 회복되었다.

나는 지금도 이 이야기가 한국인에게도 실현가능한 것일까 스스로 자문해 본다. 사례에서의 목사는 한 교인과 그 가정의 필요를 위해 자신의 모든 목회적인 권위를 모아 공동체가 의뢰자를 지원하는 가장 전문가다운 모습을 보여주었다. 만약 목사가 평신도 지도자의 불상사 때문에 교회와 목회에 분란과 잡음이 생기는 일이나 명예 실추를 두려워했다면, 이 문제를 표면화시키지 않고 무마하려 할 수도 있었을 것이다. 서양의 관점에서 보면 이러한 전문인의 태도는 의뢰인의 필요가 아닌, 전문인 자신의 필요를 우선하는 비윤리적인 경계 침해가 된다. 자식, 특히 딸은 가정 내에서 힘이 가장 미약한 구성원이므로 침범받기 쉽다. 육체적이고 성적인 경계에 대한 인식과 더불어 가장 최우선으로 보호해야 할 내담자의 경계에 대한 윤리적 민감함은 우리가 꼭 배워야 할 서양의 문화적 자산이다.

관계 때문에 내 '경계'를 기꺼이 양보하는 사람이 많은 문화일수록 이 관계를 이용해서 경계를 침해하는 경우가 더 많아질 것이다. 결국 관계나 경계를 그저 동서양의 문화 차이로만 볼 것이 아니라, 서로 보완하는 시각으로 바라보아야 한다. 이제 마지막 장에서 이것이 어떻게 가능한지 살펴보자.

따로 또 같이 — 한국인의 관계적 경계를 향해

한국의 가족 관계는 아주 쉽게 확대되어 조직이나 단체에 고스란히 반영된다. '군사부일체君師父一體'가 대표적 예이다. 우리는 임금님과 아버지와 학교 선생님에게는 무조건 순종하라는 교육을 받아왔다.

이제 건강하고 윤리적인 조직 안의 관계나 경계를 논하려면, 먼저 한국의 가족 체계의 성격을 윤리적으로 규명하고 현대에 맞게 새롭게 조명해야 한다. 한국의 가족 관계 중에서 혼미한 경계를 언급하고, 이를 재현하는 조직 안의 경계의 윤리문제를 제기할 때, 앞서 말한 한국인의 자기 해석(self-construal)을 먼저 고려해야 한다. 한국인의 자기 해석은 서양과 전혀 다른 양상일 수도 있기 때문이다.

앞에서 살펴본 것처럼 서구적 모형은 다음과 같이 전개된다. 한 아이가 유아기 때부터 아버지의 폭력을 당하면서 자라났다. 아이는 아버지의 감정의 기복에 따라 끝없이 자신의 감정을 조절해야만 했다. 아이는 어른이 되었지만 이런 식으로 관계를 맺는 것을 당연하게 받아들여 정상적인 인간관계를 만드는 데 어려움을 느낀다.

한편 한국적 모형은 다음과 같다. 어린아이가 가족들과 오랜 시간 아무런 의도나 강제성 없이(힘의 불균형이 없이) 함께 보내며 형성된 관계('피'의 관계)에서는 뚜렷한 자아 경계가 발견되지 않아도, 아이의 발달에 어떠한 병리적 영향도 미치지 않는다.

나는 서양과 한국 모형 모두 서로의 모자란 부분을 보충해줄 수 있다고 생각한다. 특히 조직이나 단체에서의 경계 문제와 힘의 불균형 문제를 다루기 위해서는 '경계'와 '관계' 모두 버릴 수 없는 중요한 축이다. 두 축의 서로 모자란 부분을 채워주기 위해서 '관계적 경계(relational boundary)'라는 새로운 개념을 제안하려고 한다.

한국인이기에 가능한 분화하면서도 연결되기

유대교 랍비이며 가족치료사인 에드윈 프리드만Edwin Friedman은 체계적 관점을 가족 공동체와 신앙 공동체에 적용한 저명한 임상가이다. 그는 공동체가 성공하기 위해서 필요한 것은 지도자의 인격이나 능력, 추종자들의 합의만이 아니라고 보았다. 양자 사이의 또 다른 역학 관계, 다시 말해 지도자를 추종하는 사람들과 어떤 목적 사이에 지도자를 집어넣으려는 의존성이 조직을 이끄는 원동력이 될 수 있다는 것이다. 그러나 추종자와 목적, 그리고 지도자의 삼각관계가 감정에 치우치는 순간, 공동체는 더 발전하지 못한다. 지도자는 늘 이러한 감정적 삼각관계 안으로 자신을 편입하려고 하는 추종자들에 대해 경계심을 가지고 대처해야 한다고 역설했다.

유난히 '정'을 강조하는 한국의 조직에서 지도자는 일부 추종자들과 감정적 삼각관계에 빠질 위험이 크다. 정치권이나 다른 조직에서도 같은 목적을 두고 여러 계보가 생기고, 추종자들은 지도자에게 지나치게 의존한다. 지도력을 개인의 문제로 귀결시키는 개인주의 시각에서는 지도력 상실은 곧바로 조직의 목적 상실로 이어진다. 프리드만은 운동팀이나 관현악단처럼 교회나 회당에서 진정한 지도력을 평가하는 기준은 지도자가 선수들, 연주자들 혹은 교인들을 어떻게 다루느냐의 문제가 아니라, 사실은 지도자가 자신을 어떻게 다루느냐의 문제라는 것이다.[20]

이에 대해 그가 찾은 해법은 한마디로 지도자의 '자기 분화를 통한 지도력'이다. 여기에서 자기 분화(self-differentiation)는 추종자들과의 삼각관계에서 나오는 '탈脫삼각관계'를 의미하는데, 이는 뚜렷하게 경계를 설정하는 독립이나 완전히 홀로 행동하는 것과는 다른 것이다. 그렇다면 가족 공동체와 같은 정과 우리됨(we-ness)을 기초로 하는 한국의 조직이나 단체에서 삼각관계를 벗어나 자기 분화를 통한 지도력을 발휘할 수 있을까?

프리드만은 자기 분화를 통한 지도력을 가질 수 있는 지도자의 능력에 대해 다음과 같이 설명했다. "유기체의 잠재적인 성장이 가능한 것은 자기의 입장을 유지하면서 여전히 연결되어 있는 지도자의 능력 덕분이다."[21] 프리드만은 접촉을 유지하는 것보다 분화가 더 어렵고, 자기 분화를 유지하면서 연결될 수 있는 능력을 가진 이들은 더더욱 적다고 말한다. 그는 이것이 어떻게 가능한지에 대해 여러 사례를 들어 장황하게 설명했지만, 그의 진짜 뜻이 무엇인지는 알기 힘들다. 자기 분화를 통한 지도력은 "기술이라기보다는 사고방식"이라고 지적하면서, "양극화를 고무하지 않고도 독립을 촉진하고, 진보를 희생하지 않고도 함께 있는 것을 촉진한다" 등의 제안을 했다. 그의 제안은 사고방식이라고 하지만 여전히 행위를 하는 해법만을 제시했기 때문에 한계가 있다. 이것은 서구인들의 관계와 경계의 이분법 논리로는 풀 수 없는 한계점일 것이다.

그렇다면 과연 어떻게 자기를 분화하면서도 여전히 연결될 수 있을까? 나는 이 '따로 또 같이'의 능력은 자기 자신을 대면하는 능력과 관련이 있다고 믿는다. 여기에 한국적인 자기(self)에 대한 해석이 도움이 될 수 있다. '내'가 그저 '나'일 뿐 아니라, '남'도 포함한 개념일 수 있다는 평범한 자기 이해가 가능할 때, 인간관계는 우리의 자율성을 통제할 수 있는 두려운 '객체'가 되는 것이 아니라, 우리 안에서 함께 살아갈 '주체'의 일부가 되는 것이다. 타인은 애초부터 담을 쌓고 경계해야 할 적이 아니라 나의 일부요, 또 다른 나이다. 이러한 한국인의 존재론적 기초는 분화(differentiation)를 다른 방식으로 진행시킬 수 있다. 이는 바로 존재 심연에 "자기 입장을 유지하면서도 연결되어 있는" 방식일 것이다.

한국 부모의 자의식에는 자녀가 들어앉아 있다. 자녀의 성적표는 부모 자신의 성적표다. 한국의 부모는 서양 부모와 달리 자녀를 위해 모든 것을 희생한다. 전문인이 의뢰인의 경계를 지키기 위해 의뢰인이 필요로 하는 것을 철저하고 세밀하게 살피듯이, 한국 부모들은 자신이 필요한 것과 자녀가 필요로 하는 것을 선별하려고 노력해야 한다. 그렇지 않으면 자녀가 필요하다고 느끼는 것을 쉽게 무시하고, 부모의 뜻이 곧 그들의 뜻인 양 경계를 쉽게 침범할 수 있다.

하지만 한국 부모들 자신 안에 자식이 있고, 또한 자식 안에도 부모가 있다는 상호의존적 '관계'가 건강한 부모와 자식 사이의 분화에 큰 도움이 될 수 있다. 서양 사람들에게 자녀는 어차피 타인이다. 자녀가 전화로 약혼했다고 알려도 부모는 서운해 하거나 언짢아하지 않는다. 왜냐하면 부모의 인생과 자녀의 인생은 별개라고 생각하기 때문이다. 그래서 자녀가 이혼할 때도 부모의 도움이나 허락을 받지 않는다. 이처럼 서양에서는 매우 확실하게 분화가 이루어지지만 부모와 자식이 연결되는 느낌은 찾아볼 수 없다.

건강한 분화는 '따로 또 같이'의 느낌이 지속되는 과정이다. 분명 한국의 부모와 자녀들은 '따로 또 같이'가 가능한 문화 자원을 가지고 있다. 부모와 자녀는 따로 떨어져 살지만 늘 함께 있다는 느낌을 공유하고 있다. 이것이 바로 우리가 지켜야 할 '관계적 경계'이다.

그러나 관계적 경계를 통한 '따로 또 같이'의 느낌은 늘 힘이 불균형하기 때문에 불안하다. 예를 들어, 가정에서 사춘기 자녀가 처음으로 이성 친구를 사귈 때 부모의 태도가 '따로 또 같이'의 시작이라고 볼 수 있다. 어떤 부모는 딸이 남자친구를 만나는 것을 못마땅하게 생각해서 만나지 못하게 한다. 심지어 외출도 못하게 하고 용돈도 주지 않는다. 이렇게 하면 이제 마음으로 어른으로 독립하고 싶은 딸의 자아 경계를 부모가 침범했기 때문에 딸은 부모와 '함께' 있지만 결코 건강하게 분화할 수 없다. 그러나 오히려 딸을 믿고 이성교제에 깊은 관심과 애정을 보내는 부모의 경우, 딸은 훨씬 편안하게 분화한다. 부모를 떠나는 것이 아니라, 자신을 믿는 부모에게 '여전히 연결되어 있는 느낌'을 갖는다. 한국 사람의 자의식에는 '관계'가 자리 잡고 있다. 그래서 서양인보다 '따로 또 같이'의 관계적 경계가 훨씬 쉬울지도 모른다.

권한위임과 공감

나는 한국인 부모와 자녀가 관계적 경계를 유지하기 위한 비결로 두 가지를 강조한다. 권한이양, 즉 힘을 부여하기(empowering)와 공감(empathy)이 그것이다. 먼저 서양식 힘의 이원 구조, 즉 '통제하든지, 통제 당하든지'의 이분법은 늘 힘을 과도하게 사용하는 과잉기능자와 늘 힘에 눌려 있는 기능미달자를 만든다. 이때 서로에게 힘을 부여하는 권한이양의 원칙은 앞서 언급한 보약補藥의 원칙이다. 힘의 불균형으로 만들어지는 가해자와 피해자를 구분하지 않고, 한 가족체계 안에서 '떨어져 있으나 연결되어 있는' 상호 연관적 균형을 만들라는 것이다. 한국의 부모들은 자녀를 지나치게 통제하려는 나머지, 자녀에게 아무런 힘도 부여하지 않는 경우가 종종 있다. 아동 및 청소년기에 힘을 부여받지 못한 아이들은 성인이 되어서도 부모의 뜻을 묻지 않고는 어떤 결정도 하지 못하게 될 수도 있다. 한 가족구성원이 힘이 없는 다른 사람을 통제하기 위해 자신의 힘을 과도하게 사용하는 경우 상대방은 더욱 힘이 약해지기 마련이고 그에 따라 힘의 불균형은 점점 심해진다. 힘없는 이들을 변화시키기 위해서는 그와 체계 전체에 힘을 불어넣는 일이 중요하다. 통제를 통해 변화를 강구할 수 있다는 생각은 지극히 선형적인 사고이다. 변화는 늘 서로 연관된 원인들로 인해 진행되는 체계적 과정이다.

나는 최근 세 자녀를 인격적으로 훌륭하게 키워 주위의 부러움을 사는 가장家長을 만난 적이 있다. 세 자녀가 모두 명문 대학을 간 것도 부러움의 대상이었지만, 상담전문가인 내가 보기에는 친밀하면서도 절도 있는 부모-자녀관계가 더욱 범상치 않아 보였다. 나는 그에게 양육의 비결을 물었다. 그의 양육법은 간단해 보였지만, 매우 통찰력 있었다. 그는 자녀들이 아주 어렸을 때부터 뭔가를 시킬 때는 온 가족이 함께 했다는 것이다. 예를 들어 한 아이에게 책을 읽으라고 시킬 때는 온 가족이 함께 책을 읽고, 텔레비전을 그만 보도록 할 때는 가족 누구도 텔레비전을 보지 않았다는 것이다. 세 자녀가 모두 어렸을 때부터 매주 가족회의를 했는데, 사회자는 온 식구가 한 명씩 돌아가면서 맡도록 했다고 한다. 그러다보니 다섯 명의 식구들이 각자의 일을 할 때도 늘 함께 하면서 '있음' 그 자체로 연결되기 시작했다. 그리고 가족 중 한 사람이 어려움을 겪을 때마다 서로 격려하고 힘을 보태는 일이 자연스러워지더라는 것이다. 결국 이 가정에는 아버지나 어머니가 한 번도 소리를 질러 공부하기를 강요하거나 완력을 사용할 필요가 없었다고 한다. 자녀가 공부할 때는 늘 부모도 곁에서 함께 책을 읽으면서 힘을 불어 넣어 주었다. 가족 내에서 힘이 과도하게 밀집되지 않고, 상호적으로 순환하고 있는 구조이다. 이러한 구조에서 나와 타인은 각자의 역할을 하면서 떨어져 있지만 심리적으로 상호 연결되어 있다.

억지로 공부하게 시켜 놓고 지키지 못할 경우 벌을 주는 엄마나 텔레비전을 못 보도록 통제하고 자신은 뉴스를 보는 아빠는 자기도 모르는 사이에 자녀의 감정과 생각을 자신의 감정과 생각이라 여기고 있다. 자녀의 감정은 얼어붙고 경계는 모호해지며 억압적인 관계에 순응하게 된다. 이런 환경에서 자란 아이가 청소년이나 성인이 되면 다시 다른 사람의 경계를 쉽게 침범하는 가해자가 되기도 쉽다. 상담을 하다 보면 강제적이고 때로는 폭력적인 부모 아래서 성장한 사람이 나중에 자신이 부모가 되었을 때 자신도 모르게 자신의 자녀들에게도 폭력을 행사하는 경우가 적지 않다. 자신이 당했으니 자녀만큼은 동일한 경험을 대물림해서는 안 된다고 다짐을 하지만 이미 체득한 자타미분화自他未分化의 경험은 자녀들과의 관계에서도 건강한 분화를 만들어내지 못한다. 자녀가 통제되지 않으면 더욱더 불안해하고 완력을 동원해 자녀의 경계를 침범해서라도 자신의 불안을 통제해야만 한다. 이때 '통제하든지 통제 당하든지'의 이분법 구조는 힘의 불균형을 해소하지 못하고 대를 이어 악순환의 구조로 증폭된다.

또한 힘에 의한 통제 대신 상호적인 권한부여를 생활화하는 가정에서는 놀랍게도 자녀와 부모가 감정적인 교류도 풍부하게 이루어진다. 책을 새벽까지 같이 읽은 아버지가 딸의 마음을 보다 깊이 있게 이해하고, 그 고충을 공감하는 일은 어쩌면 너무도 당연한 일이리라. 공감은 '함께 함'이 가져다주는 상호적인 존재감의 선물이다.

부모와 자녀 사이에 관계적 경계를 맺기 위해 가장 중요한 것이 각자의 감정을 표현하고 공유할 수 있는 안전한 공간이다. 우리의 가정이 자녀들의 부정적인 감정을 해소할 수 없는 장소가 된다면 서양의 정신건강 전문인들의 지적처럼 감정의 자연스러운 억압이 지속될 수밖에 없다. 앞서 언급한 대로 한국인의 경우 어린 시절에 자신의 감정을 부모에게 충분히 이해받아 본 경험을 한 이가 많지 않다. 그래서 난 우선 부모가 바뀌어야 보다 건강한 가족문화를 만들어낼 수 있다고 주장한다. 우리도 모르게 내뱉는 말 중에는 아이들의 감정을 억압하는 요소가 많다. "너 때문에 내가 못 살아" 혹은 "네가 속 썩여서 엄마가 늙는다" 등, 우리의 부정적인 감정의 기원은 늘 자녀들에게로 그 책임이 전가되는 경우가 대부분이다. 앞서 말한 대로 이렇게 선형적으로 인과관계를 주장하는 것도 어리석지만, 아이들이 받을 영향은 실로 지대하다. 부모 이혼의 책임이 자신에게 있다고 믿는 어린 자녀는 평생 죄책감을 가지고 살아갈 수도 있고, 부모에게 억눌린 자존감으로 인해 사회적 관계에 있어서도 불안함을 갖고 살아갈 수도 있다.

먼저 가족 관계에서의 공감이 없이는 관계를 존재적으로 연결하려는 시도가 성공을 거둘 수 없다. 힘을 과도하게 사용하는 부모로부터는 공감의 능력이 결여되어 있는 경우를 종종 본다. 늘 자신의 감정만 표현된다. "너, 몇 시인데 아직도 게임을 하니? 정신이 있는 애니 없는 애니? 너 때문에 내가 미친다!" 이렇게 게임을 못하게 하고는 거실에서 연속극을 보는 엄마를 바라보는 청소년 자녀들의 마음을 상상해 본 적이 있는가? 공감은 상대방의 가슴을 이해하기 위해 나의 판단을 유보하고 상대방의 감정을 조율하려는 노력이다.

나는 잠자리에 들지 않고 늦게까지 텔레비전을 보려는 초등학생 자녀들을 둔 부모들이 밤마다 아이들을 재우느라고 전쟁을 치른다는 말을 자주 듣는다. 그들은 늘 아이들의 감정보다는 자신의 감정을 중심으로 명령하고 통제한다. 나는 늘 손쉬운 공감적인 해법을 제시한다. "그래, 얼마나 보고 싶겠니? 엄마는 텔레비전을 보고 너는 혼자 자려니까 속상한 모양이구나"라는 식으로 자녀가 느낄 감정을 공감하고 아이들의 방에 가서 함께 시간을 보내면서 잠자리 동무가 되어 주는 것이다. 서양의 부모들이 아이들을 다른 방에서 독립적으로 키우려고 하는 한편, 한국의 부모들은 아이들을 늘 업어 키우고 한방에서 생활하면서 '함께 함'의 양육 태도를 유지해 왔다. 나는 이 물리적인 함께 함이 이제 '감정'의 함께 함, 즉 공감에까지 이르기를 바란다. 나는 이러한 공감을 토대로 한 '함께 함'이 한국인에게 '따로 또 같이'의 유대감과 존재감을 제공하리라고 굳게 믿는다.

우리 가정에서 공감과 서로 힘을 주는 일을 통해 건강한 관계적 경계를 경험한다면, 우리의 직장과 사회도 다른 모습으로 바뀌지 않을까? 요즘은 직장 내에서도 수직적인 관계를 맺는 권위적인 상사가 아니라 공감하고 경청하며 의사소통에 능숙한 수평적인 관계의 상사를 원한다. 권한이양(empowering)은 중요한 경영관리의 개념이 되었다. 부하직원을 누르고 통제하려는 상사가 아니라 힘을 나누어 주고 부하직원의 잠재력을 계발할 수 있는 코치 같은 리더를 원하는 분위기는 새로운 트렌드이다.

우리 사이, 좋은 사이 – 한국인의 존재, 관계 그리고 경계

우리말에 "우리 사이, 좋은 사이"라는 말이 있다. 말할 것도 없이 여기서 '사이'는 '관계'를 나타낸다. 그렇다면 왜 사이라는 말이 관계란 뜻이 되었을까? 어원학적으로 보면 여러 가지 이유가 있다. 먼저 한자 인간人間에서 간間의 뜻 역시 사이이다. 인간의 존재 양식 안에 이미 사이가 있고, 이미 관계가 있다. 또한 사람이란 뜻의 한자 인人에도 서양에서와 같이 혼자서 있는 것이 아니라 두 사람이 서로 기대어 있는 모습이다.

한국인에게 '사이'란 용어가 '관계'를 의미하게 된 배경에는 관계란 개체와 개체 사이에 존재한다는 '따로 또 같이'에 대한 존재론적인 인식이 깃들어 있다. 한국인의 사이는 관계와 경계의 어느 하나를 의미하는 것이 아니라, 양자를 변증법적으로 품고 있기 때문이다. 서양 문화에서는 관계보다 경계가 앞서는 개념이 되었다는 사실을 잘 알고 있다. 다시 말해, 경계는 존재의 구획 방식이다. 경계가 없으면 나도 없다. 관계는 내가 있고 남이 있고 난 뒤에 상호 행위를 하는 과정에 등장한다. 미국 문화에서 내가 '있음'을 논할 때 나와 타인의 경계 사이는 늘 진공상태이다. 반면에 한국 문화에서 나와 타인의 사이는 진공상태가 아니라, '있음' 그 자체이다. 즉, 나와 어머니의 '사이'가 진공상태 안에서 개별로 존재할 수 있는 것이 아니라, '관계'로 깊이 연결되어 있다.

나는 이 책에서 경계 문제가 문화적 진공상태에서 논의될 수 없다는 것을 주장했다. 또한 한국적인 자기 이해와 해석을 통해 내가 '있음'에 이미 '관계'를 담고 있음을 고려하지 않고는 한국적인 '경계'에 대한 타당성 있는 논의를 진행할 수 없다고 밝혔다.

그렇다면, 경계와 경계 사이에는 무엇이 있어야 할까? 한국적인 자기 해석이 보여주는 바와 같이 나와 타인 사이에 있어야 할 것은 '관계'이다. 행위하는 과정으로 '만들어 가는 관계'가 아니라, 존재와 함께 주어지는 '이미 있는 관계'이다. 기독교에서는 신이 인간을 하느님의 형상으로 만들었다고 한다. 인간 존재의 밑바탕에 있는 '관계적인' 신의 형상이 바로 이런 것이 아닐까? 신과 나 그리고 모든 타자(자연까지)를 아우르는 관계 말이다.

가정이나 조직 혹은 사회단체에서 경계와 경계 사이의 힘의 불균형을 극복하고, 서로에게 힘을 주는 관계를 만들어 가는 힘도 바로 애초에 '함께 있는' 관계에서 비롯된다. 자녀를 힘으로 제압하는 순간, 힘이 약한 자녀는 부모의 마음에 들게 행동할 수는 있지만, 자신이 원하는 모습을 잃어간다. 바로 '마마보이'가 되는 과정이 자기 분화를 하지 못해 자아 경계가 무너져 내린 성인이 되는 과정이다. 예를 들어 연예인이 되겠다고 선언하고 자신이 좋아하는 가수의 연주여행을 따라나서겠다는 10대 딸의 머리카락을 자르고 방 안에 가두는 것은 자녀에게 힘을 실어주고 공감하는 것과 반대되는 일이다. 일단 연주여행을 따라가는 것을 잠시만 연기하도록 합의하고,

먼저 자녀가 좋아하는 가수의 음반부터 사서 들어보아야 한다. 그래야 부모는 청소년 자녀와 공감의 대화를 시작할 수 있기 때문이다. 한국의 부모들이 자녀가 원하는 것을 먼저 살피고 공감하며 힘을 실어주고 더욱더 관심을 갖는다면, 존재 바탕에 자리잡고 있는 '관계'에 대한 기본 인식과 믿음이 있기 때문에 서양 사람들은 상상할 수도 없는 건강한 부모 자식 관계가 될 수 있다.

나는 상담센터에서 여러 가족의 상담을 진행했다. 누가 보아도 정상이 아닌 부모 자식 관계도 보았다. 또한 나이 든 부모를 모시는 게 당연하다고 여겨 부모와 자식의 몸은 같은 공간에 있지만, 자식의 마음은 분노와 원망으로 가득 차 있는 경우도 많았다. 이런 경우 자식들은 부모를 봉양해야 한다는 의무를 다하고 있다는 것에 만족했다. 하지만 대부분이 부모가 진정 원하는 것에는 전혀 관심이 없었다. 겉으로는 봉양하는 듯 보이지만, 부모의 자아 경계를 철저하게 침범하고 있었다.

최근에 우연히 "효짱송"이란 노래를 들었는데, 마음이 조금 무거웠다. 왜냐하면 효라는 개념조차 없는 아이들에게 '얼짱'이나 '몸짱'처럼 '효짱'이라는 단어를 만들어 부모에게 효도할 것을 강요하는 듯한 느낌이 들었기 때문이다. 효는 단순히 '해야 하는' 전통적인 의무가 되어서는 안 된다. 내가 '하고 싶은' 느낌이 바탕이 된 기본적인 욕구가 되어야 한다. 이렇게 되기 위해서는 부모를 포함한 우리 모두가 노력해야 한다.

또한 관계가 건강하게 이루어질 수 있도록 서로의 경계에 대해 새롭게 인식할 필요가 있다. 이렇게 될 때 우리가 목숨처럼 여기는 '관계'는 억압이 아닌 살아 있는 느낌, 즉 신나는 존재감이 된다. 바로 '내가 있는 것은 부모의 은공'이라는 든든한 '따로 또 같이'의 느낌이야말로 우리가 계승해야 될 문화 가치인 것이다.

조직이나 단체에서도 사람 사이에 힘의 균형을 이룬 '경계'를 만드는 것이 중요하다. 내가 안전하기 위해 담을 높이 쌓아 올릴 것이 아니라, 함께 하면서 공감하고 서로에게 힘을 줄 수 있는 관계가 공존할 수 있도록 남을 배려하는 바로 '관계적인 경계'가 필요하다. 우리의 존재 밑바탕에 경계와 경계의 사이를 관계로 메울 수 있어야 한다. 자녀를 믿는 마음, 전문인과 의뢰인, 상사와 부하 직원 사이의 믿음도 이러한 존재론적인 관계에 대해 인식할 때 가능하다. 서양의 개인주의적 관계가 아닌, 너와 내가 서로에게 필요하다는 상호의존적 관계 말이다. 이러한 관계는 결코 서양의 잣대로 평가할 수 없다. 통제하지 않으면 통제 당한다는 서구의 논리로 생각하면, '관계'란 통제 당하지 않고 중독되지 않기 위해 늘 경계를 늦추지 말아야 하는 천덕꾸러기가 될 것이다. 한국인의 관계는 너와 나 사이에 주어진 존재의 선물이다.

주

1) Steven Heims, 『The Cybernetics Group』, MIT Press, 1991.

2) Hazel R. Markus, Shinobu Kitayama, 「Culture and the Self: Impli cations for Cognition, Emotion, and Motivation」, 『Psychological R eview 98:2』, 1991, p.224.

3) Leng Leroy Lim, 「Exploring Embodiment Katherine H, Ragsdale, ed.」, 『Boundary Wars: Intimacy and Distance in Healing Relationships』, The Pilgrim Press, 1996, p.63.

4) Clifford Geertz, 「From the Native's Point of View: On the Nature of Anthropological Understanding, in Richard A, Shweder and Robert A. LeVine, eds」, 『Culture Theory: Essays on Mind, Self, and Emotion』, Cambridge University Press, 1984, pp.123-136.

5) Harry C. 『Triandis, Individualism and Collectivism: New Directions in Social Psychology』, Westview Press, 1995.

6) Alan Roland, 『In Search of Self in India and Japan: Toward a Cross-Cultural Psychology』, Princeton University Press, 1988.

7) Luke I. Kim, 「Korean Ethos」, 『The Journal of Korean American Medical Association 2』, 1996, p.16.

8) 한규석, 『사회심리학의 이해』, 학지사, 1995, p.478.

9) 위의 책, p.473.

10) Ann Wilson Schaef, 『When Society becomes an Addict』, Harper & Row Publishers, 1987.
Ann Wilson Schaef and Diane Fassel, 『The Addictive Organization』, Harper & Row Publishers, 1988.

11) Ann Wilson Schaef, 「Is the Church an Addictive Organization?」, 『Christian Century 107』, 1990, p.19.

12) E. H. 프리드만, 신민규·정재연 옮김, 『세대와 세대』, 대한기독교서회, 1997, p.324.

13) Ronald W. Richardson, 『Creating a Healthier Church: Family Systems Theory, Leadership, and Congregational Life』, Fortress Press, 1996, p.135.

14) 위의 책, p.137.

15) Kwang Kyu Lee, 「The Concept of Ancestors and Ancestor Worship in Korea」, 『Asian Folklore Studies 43』, 1984, p.199.

16) Soo-Young Kwon, 「Codependence and Interdependence: Cross-Cultural Reappraisal of Boundaries and Relationality」, 『Pastoral Psychology 50』, 2001, p.47.

17) 한규석, 『사회심리학의 이해』, 학지사, 2005, p.482.

18) Lim, 「Exploring Embodiment in Katherine H, Ragsdale ed.」, 『Boundary Wars: Intimacy and Distance in Healing Relationships』, The Pilgrim Press, 1996, p.66.

19) Marilyn R. Peterson, 『At Personal Risk: Boundary Violations in Professional-client Relationshi』, W. W. Norton & Company, 1992, p.46.

20) 프리드만, 『세대와 세대』, 대한기독교서회, 1997, p.322.

21) 위의 책, p.334.

한국인의 관계심리학

| 펴낸날 | 초판 1쇄 2007년 2월 25일 |
| | 초판 8쇄 2019년 4월 19일 |

지은이	권수영
펴낸이	심만수
펴낸곳	(주)살림출판사
출판등록	1989년 11월 1일 제9-210호

주소	경기도 파주시 광인사길 30
전화	031-955-1350 팩스 031-624-1356
홈페이지	http://www.sallimbooks.com
이메일	book@sallimbooks.com

| ISBN | 978-89-522-0611-4   04080 |
| | 978-89-522-0096-9   04080(세트) |

089 커피 이야기   eBook

김성윤(조선일보 기자)

커피는 일상을 영위하는 데 꼭 필요한 현대인의 생필품이 되어 버렸다. 중독성 있는 향, 마실수록 감미로운 쓴맛, 각성효과, 마음의 평화까지 제공하는 커피. 이 책에서 저자는 커피의 발견에 얽힌 이야기를 통해 그 기원을 설명한다. 커피의 문화사뿐만 아니라 커피에 대한 일반적인 정보 및 오해에 대해서도 쉽고 재미있게 소개한다.

021 색채의 상징, 색채의 심리

박영수(테마역사문화연구원 원장)

색채의 상징을 과학적으로 설명한 책. 색채의 이면에 숨어 있는 과학적 원리를 깨우쳐 주고 색채가 인간의 심리에 어떤 작용을 하는지를 여러 가지 분야의 사례를 통해 설명한다. 저자는 색에는 나름대로의 독특한 상징이 숨어 있으며, 성격에 따라 선호하는 색채도 다르다고 말한다.

001 미국의 좌파와 우파   eBook

이주영(건국대 사학과 명예교수)

진보와 보수 세력의 변천사를 통해 미국의 정치와 사회 그리고 문화가 어떻게 형성되고 변해왔는지를 추적한 책. 건국 초기의 자유방임주의가 경제위기의 상황에서 진보-좌파 세력의 득세로 이어진 과정, 민주당과 공화당의 대립과 갈등, '제2의 미국혁명'으로 일컬어지는 극우파의 성장 배경 등이 자연스럽게 서술된다.

002 미국의 정체성 10가지 코드로 미국을 말하다   eBook

김형인(한국외대 연구교수)

개인주의, 자유의 예찬, 평등주의, 법치주의, 다문화주의, 청교도 정신, 개척 정신, 실용주의, 과학 · 기술에 대한 신뢰, 미래지향성과 직설적 표현 등 10가지 코드를 통해 미국인의 정체성과 신념을 추적한 책. 미국인의 가치관과 정신이 어떠한 과정을 통해서 형성되고 변천되어 왔는지를 보여 준다.

058 중국의 문화코드

강진석(한국외대 연구교수)

중국의 핵심적인 문화코드를 통해 중국인의 과거와 현재, 문명의 형성 배경과 다양한 문화 양상을 조명한 책. 이 책은 중국인의 대표적인 기질이 어떠한 역사적 맥락에서 형성되었는지 주목한다. 또한, 구체적이고 실제적인 여러 사물과 사례를 중심으로 중국인의 사유방식에 대해 설명해 주고 있다.

057 중국의 정체성 eBook

강준영(한국외대 중국어과 교수)

중국, 중국인을 우리는 과연 어떻게 이해해야 하나? 우리 겨레의 역사와 직 · 간접적으로 끊임없이 영향을 주고받은 중국, 그러면서도 아직까지 그들의 속내를 자신 있게 말할 수 없는, 한편으로는 신비스럽고, 한편으로는 종잡을 수 없는 중국인에 대한 정체성을 명쾌하게 정리한 책.

015 오리엔탈리즘의 역사 eBook

정진농(부산대 영문과 교수)

동양인에 대한 서양인의 오만한 사고와 의식에 준엄한 항의를 했던 에드워드 사이드의 오리엔탈리즘. 이 책은 에드워드 사이드의 이론 해설에 머무르지 않고 진정한 오리엔탈리즘의 출발점과 그 과정, 그리고 현재와 미래의 조망까지 아우른다. 또한 오리엔탈리즘이 사이드가 발굴해 낸 새로운 개념이 결코 아님을 역설한다.

186 일본의 정체성 eBook

김필동(세명대 일어일문학과 교수)

일본인의 의식세계와 오늘의 일본을 만든 정신과 문화 등을 소개한 책. 일본인을 지배하는 이데올로기는 무엇이고 어떤 특징을 가지는지, 일본을 주목해야 하는 이유는 무엇인지 등이 서술된다. 일본인 행동양식의 특징과 토착적인 사상, 일본사회의 문화적 전통의 실체에 대한 분석을 통해 일본의 정체성을 체계적으로 살펴보고 있다.

261 노블레스 오블리주 세상을 비추는 기부의 역사

예종석(한양대 경영학과 교수)

프랑스어로 '높은 사회적 신분에 상응하는 도덕적 의무'를 뜻하는 노블레스 오블리주. 고대 그리스부터 현대까지 이어지고 있는 노블레스 오블리주의 역사 및 미국과 우리나라의 기부 문화를 살펴보고, 새로운 시대정신으로 노블레스 오블리주를 부활시킬 수 있는 가능성을 모색해 본다.

396 치명적인 금융위기, 왜 유독 대한민국인가 `eBook`

오형규(한국경제신문 논설위원)

이 책은 전 세계적인 금융 리스크의 증가 현상을 살펴보는 동시에 유달리 위기에 취약한 대한민국 경제의 문제를 진단한다. 금융안정망 구축 방안과 같은 실용적인 경제정책에서부터 개개인이 기억해야 할 대비법까지 제시해 주는 이 책을 통해 현대사회의 뉴노멀이 되어 버린 금융위기에서 살아남는 방법을 확인해 보자.

400 불안사회 대한민국, 복지가 해답인가 `eBook`

신광영 (중앙대 사회학과 교수)

대한민국 사회의 미래를 위해서 복지는 선택이 아니라 필수라고 말하는 책. 이를 위해 경제 위기, 사회해체, 저출산 고령화, 공동체 붕괴 등 불안사회 대한민국이 안고 있는 수많은 리스크를 진단한다. 저자는 사회적 위험에 대응하기 위한 복지 제도야말로 국민 모두의 삶의 질을 높일 수 있는 길이라는 것을 역설한다.

380 기후변화 이야기 `eBook`

이유진(녹색연합 기후에너지 정책위원)

이 책은 기후변화라는 위기의 시대를 살면서 우리가 알아야 할 기본지식을 소개한다. 저자는 기후변화와 관련된 핵심 쟁점들을 모두 정리하는 동시에 우리가 행동해야 할 실천적인 대안을 제시한다. 이를 통해 독자들은 기후변화 시대를 사는 우리가 무엇을 해야 할 것인지에 대하여 생각해 볼 수 있을 것이다.

eBook 표시가 되어있는 도서는 전자책으로 구매가 가능합니다.

(주)살림출판사
www.sallimbooks.com
주소 경기도 파주시 문발동 522-1 | 전화 031-955-1350 | 팩스 031-955-1355